财政职业教育教学指导委员

财务会计综合实训

CAIWU KUAIJI ZONGHE SHIXUN

◎主　编　李春俐　揭　莹

◎副主编　赵国娟　曹耀华　张　然

◎参　编　李　飏　陶隽璇

重庆大学出版社

内容提要

财务会计综合实训是在学生完成财务会计、税法、成本会计、财务管理等主要专业课程的学习之后开设的，以强化学生会计核算方面的基本能力，提高学生的动手能力、职业判断能力，培养学生对数据的理解能力和分析能力。本实训教材以云南禄丰一平浪恒益煤业有限公司 2019 年 12 月的业务为实训平台，完成筹资、投资、成本等一系列核算，以及编制财务报表、纳税申报表等工作。全部实训由学生个人独立完成。在完成会计报表的编制之后，根据所给的相关资料和由学生完成的报表，对该企业的财务状况、经营情况等方面进行财务分析，计算相关财务指标，提出分析意见。

图书在版编目(CIP)数据

财务会计综合实训 / 李春俐,揭莹主编. -- 重庆：
重庆大学出版社,2020.10
财政职业教育教学指导委员会规划教材
ISBN 978-7-5689-2238-8

Ⅰ.①财… Ⅱ.①李…②揭… Ⅲ.①财务会计—高
等职业教育—教材 Ⅳ.①F234.4

中国版本图书馆 CIP 数据核字(2020)第 106683 号

财政职业教育教学指导委员会规划教材
财务会计综合实训
主　编:李春俐　揭　莹
副主编:赵国娟　曹耀华　张　然
参　编:李　飏　陶隽璇
策划编辑:沈　静
责任编辑:沈　静　古　梅　　版式设计:沈　静
责任校对:王　倩　　　　　　责任印制:张　策

*

重庆大学出版社出版发行
出版人:饶帮华
社址:重庆市沙坪坝区大学城西路 21 号
邮编:401331
电话:(023)88617190　88617185(中小学)
传真:(023)88617186　88617166
网址:http://www.cqup.com.cn
邮箱:fxk@cqup.com.cn(营销中心)
全国新华书店经销
重庆俊蒲印务有限公司印刷

*

开本:787mm×1092mm　1/16　印张:8.5　字数:200 千
2020 年 10 月第 1 版　　2020 年 10 月第 1 次印刷
印数:1—3 000
ISBN 978-7-5689-2238-8　定价:29.00 元

前言

随着经济的发展,会计在经济管理中的作用越来越重要,市场需要具备扎实的会计理论功底、熟练的操作技能和职业判断能力的应用型会计人才。与此同时,网络、人工智能、财务机器人、云技术的发展和应用对会计人员的能力提出了新的要求,对会计人员的管理能力、财务数据的分析能力等方面的要求越来越迫切,特别是对财务数据分析和运用方面的能力要求越来越高。这些能力的提升要求学生在校期间必须具备坚实的会计专业知识和熟练的操作技能。

财务会计综合实训是高职高专会计专业的一门综合性实践课程,对会计专业人才培养具有重要的作用。由于会计工作和会计部门的特殊性,学生在校期间不容易接触到企业的实际会计业务,难以体会会计工作的现场感和实用性,以及企业的业务与会计工作之间的关联。因此,学生在学习理论时比较局限、空泛,理论与实践融合度较低,数据处理和分析能力较弱,实操能力得不到锻炼。本书在编写时,充分考虑了高职高专教育的特点,以及用人单位对会计人员能力的要求,强调与学生在学校学习的相关课程基础会计、财务会计、税法、财务管理和成本会计等进行深度融合。

本书在编写过程中体现了"仿真性、典型性、系统性"的原则,在内容上力求与现行会计制度、税收法规、银行业务等方面的改革接轨,按照最新的法规和税率,使之更加贴近企业的实际情况。同时,增加了报表分析环节,提高学生的专业素质、动手操作能力和分析能力,从而对会计工作有一个较为全面、系统、完整的认识。将所学的理论知识与实际操作融会贯通,提高学生的会计业务综合处理能力、操作技能和数据分析能力。本书除了可作为高职高专会计专业的教材,还可作为会计人员上岗培训教材。

本书取材于禄丰一平浪恒益煤业有限公司,按照教学规律和教学内容,经过加工整理形成了一个内容丰富、体系完整的实训平台。本书特色如下:

1.本书体系科学、合理,内容综合性强。本书模拟某企业的一个会计期间在供、产、销经营过程中发生的交易和事项,以会计核算为主线,将交易、事项的内容及相关资料进行整理,涉及整个会计循环过程中的主要业务。

2.本书配有的大量原始票据全部来源于企业的实际工作，经作者逐一编辑制作完成。这些票据与实际工作中的票据高度相似，拉近了学生与实际工作的距离，为学生适应今后的工作奠定了基础。

3.本书从内容设计、资料整理、教材编写等方面尽可能与企业的实际情况一致。同时，本书的编者，有在企业从事会计及会计管理工作的人员，使实训内容与企业的实际情况尽可能接近，减小与实际情况的差距，真正做到工学结合。

4.本书增加了报表分析环节。该环节取材于企业的实际报表，经过一定调整，要求学生结合经济发展等情况对会计报表进行分析，提出分析意见和报告，培养学生的数据分析能力和综合分析能力，增强学生未来的竞争力，适应社会发展的需要。

5.本书具有很强的时效性。本书的内容与现行的会计制度、税收法规接轨。同时，随着手机银行、网络银行的兴起，企业的支付方式不断地增加和改变，实训企业涉及大量的网络支付业务，具有较强的时效性。

6.本书在编写过程中，尽量做到将业务量压缩到最少，将内容涵盖到最多，实现深度与广度的有效结合。

参加编写本书的教师大部分是具有丰富教学经验和实践经验的"双师型"教师，也有企业的会计工作人员。本书由昆明冶金高等专科学校商学院副教授、注册会计师李春俐，昆明冶金高等专科学校商学院注册会计师揭莹担任主编；昆明冶金高等专科学校商学院注册会计师赵国娟，禄丰一平浪恒益煤业有限公司、云南森晶工程造价咨询有限公司财务总监及会计师曹耀华，云南能源职业技术学院会计师张然担任副主编；昆明冶金高等专科学校商学院李飏，云南能源职业技术学院陶隽璇担任参编。

编写教材是一个庞大的工程，涉及信息量大，数据繁多，单据复杂，数据之间的关系较为密切。作者虽然经过多次计算、校验、核对，并反复进行修改，还是难免存在错漏和不妥之处，敬请广大读者批评指正。

编　者

2020年5月

目录

学习情境1
财务会计综合实训概述

本书以职业任务和行为过程为导向,以工作过程系统化为学习领域的课程设计理念,遵循"职业性、实践性、开放性"的设计原则。同时,在对学生未来就业方向和就业岗位进行广泛调查、了解的基础上,对会计岗位的典型工作和职业能力进行分析,选取工业企业作为综合实训的虚拟会计核算主体,按照会计实际工作内容和工作流程确定实训项目。在实训项目设计中,注重结合企业实际工作的要求,让学生身临其境地学习和体验,真正做到工学结合。

1.1 实训目标

本书综合基础会计、财务会计、成本会计、财务管理等课程内容,以财务会计各工作岗位能力要求为标准,以提高学生实践动手能力、职业能力和职业素养为目标,以禄丰一平浪恒益煤业有限公司2019年12月的经济业务为资料进行系统、仿真的模拟实训。

1.1.1 知识目标

①掌握原始凭证的填写与审核,以及记账凭证的填制、审核、记账、对账、结账等会计方法。

②熟悉企业主要经济业务事项的会计处理。

③熟悉企业成本核算的方法。

④掌握企业主要税种的会计核算。

⑤掌握企业期末错账的查找、改正及账项调整的方法。

⑥掌握会计报表的编制。

⑦掌握主要财务指标的计算,能够对企业的财务数据进行分析。

1.1.2 能力目标

①能够手工完成期初建账、账务处理,能够登记各种账簿,并编制会计报表。

②能够进行主要税种的计算和会计处理。

③能够编制纳税申报表。

④能够对会计档案进行有效管理。

⑤能够对会计报表进行分析,并提出分析意见。

1.1.3 素质目标

①培养学生诚实守信的职业道德,认真负责的工作作风,以及严谨和善于思考的职业态度。

②培养学生不断学习新知识、接受新事物的进取精神。

③培养学生的团队协作精神和良好的人际交往能力。

1.2 实训内容

财务会计综合实训是以企业会计工作流程为主线,按照时间顺序、实际会计工作内容和工作流程设计实训内容。实训内容主要包括:

①对企业的基本信息和情况进行了解,加强对企业的认识。查阅企业上一月度的账簿,了解企业会计核算的基本内容、企业的基本情况、内部会计核算制度和财务管理制度等信息。

②年初建账业务实训。建立新会计年度的总账、明细分类账、日记账。

③月度会计业务实训。完成企业12月经济业务事项的会计处理。包括筹资与投资、采购与付款、成本与费用、销售与收款、职工薪酬、税收等日常业务涉及的原始凭证的填制、审核,记账凭证的填制,各类账簿的登记,纳税申报表的填制等。

④年末会计业务实训。编制实训企业的年度会计报表和相关纳税申报表。

⑤对会计报表进行财务分析,并提出分析意见。

⑥会计档案管理实训。记账凭证的装订、整理以及其他会计资料的整理。

⑦可以作为相关财务软件(如用友T3等)操作的训练资料,并进行会计信息化实训。

1.3　实训实施

1.3.1　实训模式

实训按会计工作岗位所需要的专业知识、专业技能和工作任务,实施"项目导向,岗位任务驱动"的实践教学模式。每一个项目分别设置不同的工作情境,不同的工作情境对应不同的工作任务。每一个任务对应一个或多个角色,学生根据需要扮演角色,从而完成工作任务,掌握会计工作所需要的知识和技能。同时,训练学生之间的协作、沟通、交流能力,提高学生的综合能力。

1.3.2　实训形式

在实训中,可以根据课时和教学的要求、学生的知识和能力选择以下形式进行实训:
①单人实训。一人在实训中充当不同的角色,独立完成实训内容。
②两人实训。两人配合,共同完成实训内容。
③分组分岗位实训。根据教学要求和课程学时,确定实训操作原则,设置岗位进行分工,共同完成实训内容。
④分组分岗、岗位轮换实训。根据教学要求和课程学时,确定实训操作原则,设置岗位进行分工。经过岗位轮换、转变角色共同完成实训内容。

1.3.3　实训程序

①按提供的企业期初资料建账。
②发生经济业务时,根据审核后的原始凭证填制记账凭证,各会计岗位以时间为顺序,根据审核后的会计凭证登记日记账和相关明细账簿,按期编制科目汇总表,经审核登记总账。
③期末按规定进行对账、结账,并进行试算平衡。在此基础上,编制纳税申报表、会计报表。
④对连续几期的会计报表进行分析,提出分析意见,形成分析报告。
⑤实训结束,应将会计凭证装订成册,连同账簿、报表等会计资料一并上交进行检查。

1.3.4　实训考核

为了确保实训效果,提高学生参与实训的热情,按百分制从实训态度、实训技能、实训效果3个方面进行考核。具体考核项目见表1-1。

表1-1

考核表

姓名	考核项目及分值						
	课堂考勤（10%）	工作态度（10%）	业务处理能力(30%)	账簿凭证规范正确(10%)	财务报告纳税申报正确（15%）	财务报表分析(15%)	资料的完整性(10%)

学习情境2
企业情况概述

2.1 工作任务

①了解企业的基本情况。
②熟悉会计岗位与实训工作任务。
③熟悉企业会计核算与财务管理制度。

2.2 实训企业的基本情况

名称:禄丰—平浪恒益煤业有限公司
地址:云南省楚雄禄丰县—平浪镇福台山
法人代表:杨美琼
注册资本:2 000 000元,其中,杨美琼1 500 000元,李莉娟500 000元
纳税人信息:公司为一般纳税人,统一社会信用代码:915323317902822275C
主要业务范围:烟煤和无烟煤的采、选和洗

2.3 企业的组织结构

根据有限责任公司的规定,公司的权力机构为股东会。公司设立董事会对股东会负责,

董事长杨美琼为公司的法定代表人。公司设总经理对董事会负责。公司由杨美琼兼任总经理。该公司的组织机构见图2-1。

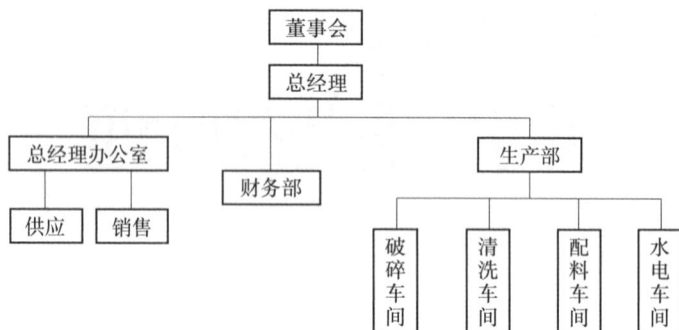

图2-1 禄丰一平浪恒益煤业有限公司组织机构图

2.4 生产工艺流程

该企业(公司)属于多步骤大量生产企业,管理上要求按产品品种和生产步骤核算产品生产成本。企业设破碎车间、清洗车间和配料车间3个基本生产车间,1个辅助生产车间,即水电车间。基本生产车间主要从事洗精煤、烟煤的生产。辅助生产车间负责记录全厂各部门水、电的使用量,维护水电设施,以保证水电的正常运转,确保生产经营正常运行。

破碎车间从原材料仓库领入原材料(原煤)、零星材料等,经过破碎处理完工后,直接通过传送带送入清洗车间进行清洗。同时,清洗车间从原材料仓库领入原材料(中煤、煤矸石)、辅助材料等,对原煤、中煤、煤矸石等进行清洗。清洗后的材料,再传送进入配料车间(在清洗过程中产生煤渣、煤泥、碎石等副产品,即矿渣)。在配料车间,根据发热值的不同,将清洗后的材料按不同的比例进行组合、搭配,生产出2个不同发热值的系列产品,即洗精煤和烟煤。其生产工艺流程如图2-2所示。

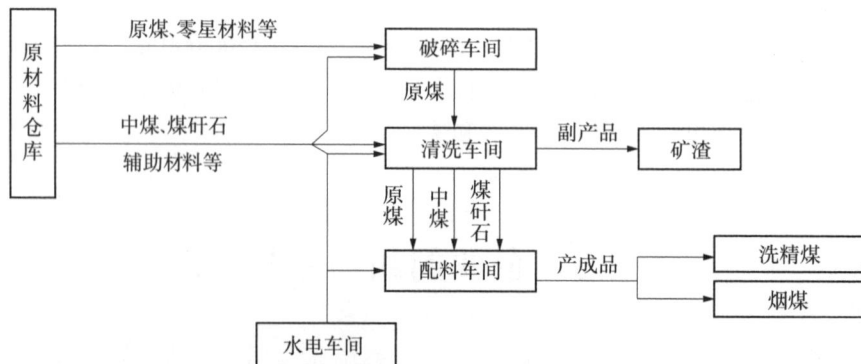

图2-2 禄丰一平浪恒益煤业有限公司生产工艺流程

2.5 企业会计政策、会计估计和相关规定

2.5.1 货币资金核算

①以人民币为记账本位币,库存现金限额为50 000元。

②企业在金融机构开设的账户见表2-1。

表2-1

账户种类	开户行	账号
基本账户	禄丰农村商业银行一平浪支行	2900000069310012
一般账户	中国农业银行禄丰一平浪分理处	24302901040001731
一般账户	中国工商银行禄丰支行	2516044419200069062

2.5.2 坏账核算

①企业采用备抵法核算坏账损失。

②估计坏账损失采用应收款项余额百分比法,计提比例为2%。银行承兑汇票不计提坏账准备。

2.5.3 存货核算

①采用实际成本计价核算企业发出存货,企业各种材料采用全月一次加权平均法计算发出材料和结存材料成本。

②原材料。原料及主要材料、油料、辅助材料、零星材料等发出存货的成本及数量,全部于月末根据领料单汇总一次结转发出的材料成本。

③周转材料。低值易耗品采用一次转销法。

④库存商品。库存商品包括洗精煤和烟煤。库存商品的销售成本采用全月一次加权平均法计算确定。副产品按每月的实际产量全部对外销售,不进行库存核算。

2.5.4 固定资产

①企业的固定资产按类别设置二级明细核算,分为房屋建筑物、机器设备、运输设备、电力设施和办公设备。

②固定资产采用直线法计提折旧,折旧率保留两位小数,固定资产净残值率按3%或5%

计算。

③固定资产卡片和三级明细账合一设置三级明细核算,即固定资产设置总账,按固定资产类别设置二级核算,按每一项固定资产进行三级明细核算。

④对外经营性租出1台厦工装载机,租赁开始日为2019年1月1日,租赁期4年,每年租金为60 000元,于每月月末分期支付。

2.5.5 无形资产

企业拥有一项无形资产,即土地使用权,采用直线法摊销,无残值,摊销期限为30年。

2.5.6 产品成本

①产品成本由企业财务部集中统一核算,采用逐步结转分步法,不进行成本还原。成本项目均按"直接材料""直接人工""制造费用"设置。

②企业分为3个基本生产车间,即破碎车间、清洗车间和配料车间,1个辅助生产车间即水电车间。按车间、产品品种设置成本计算对象。第二车间,即清洗车间进行完工产品和在产品的分配。其他基本生产车间当月产品全部完工,每一车间的完工产品直接进入下一生产车间。配料车间完工后进入库存商品库,完工库存商品为洗精煤和烟煤。

清洗车间对原煤、中煤、煤矸石进行清洗会产生煤泥、煤渣、碎石等副产品。副产品成本只核算直接材料成本,直接人工和制造费用均由主产品负担。副产品耗用的原材料按5元/吨的定额计算。生产中产生的副产品直接进入堆放点,不进行入库的会计核算。月末结转副产品的销售成本,由生产成本直接转入其他业务成本。

③企业发生的工资、福利、社保、公积金、工会经费等人员费用按职工所在部门及受益对象分别计入当期产品成本或期间费用,各车间生产工人的工资、福利、社保、公积金、工会经费等人员费用按生产工人的工时比例在各产品之间进行分配。

④发生的水、电费直接分配计入相关成本费用,不计入辅助生产成本。辅助生产车间发生的直接费用和间接费用计入辅助生产成本账户。辅助生产车间不设置"制造费用"明细账进行间接费用核算。月末采用直接分配法,根据各受益对象的工时,对辅助生产成本进行分配和结转。

⑤每个车间的制造费用按工时进行分配。

⑥清洗车间的在产品按年初固定成本计算。

⑦清洗车间将完工后的原煤、中煤和煤矸石按发热值的不同进行配料。其中,原煤的80%、中煤的70%和煤矸石的60%混合成洗精煤,剩余部分混合成烟煤。

⑧计算产品成本时,分项单位成本通常保留小数点后4位,完工入库最终单位成本通常保留小数点后两位。

2.5.7　职工薪酬

①企业实行月薪制。于每月的5日通过银行代发上月的职工薪酬,企业代扣代缴个人所得税。

②职工个人所负担的养老、医疗、失业保险分别按工资的8%,2%,1%代扣代缴。

③企业负担的养老、医疗、失业、工伤保险分别按工资的20%,8.8%,1.4%,0.5%计提。

④企业按应付职工薪酬总额的1.5%计提职工教育经费。

⑤企业设置职工食堂,作为职工福利,职工福利按实际发生金额核算。

⑥企业按应付工资总额的2%计提工会经费。

2.5.8　税费

①企业是增值税一般纳税人,增值税税率为13%。

②城市维护建设税税率为1%,教育费附加为3%,地方教育费附加为2%。

③企业的销售业务都签订销售合同,销售合同印花税税率为0.03%,销售合同印花税于每月末计提,下月缴纳。

④所得税按季预缴,年终汇算清缴,所得税税率为25%。

2.5.9　利润分配

①法定盈余公积,按10%的比例提取。

②年终向投资人分配利润。按公司董事会决议规定比例和年初投资者在该企业的投资额分配。

2.5.10　其他

①短期借款利率10.44%,利息按月支付。

②公司采用通用记账凭证。

③根据记账凭证,每半个月进行汇总,编制科目汇总表,并据以登记总分类账。

④2019年1—11月发生的管理费用中,业务招待费共计19 055.00元。

⑤企业的亏损均可以在税前弥补。

学习情境3
期初建账

3.1　工作任务

根据2019年12月的相关资料,按规定完成期初建账工作。

①建立总分类账簿。

②建立现金日记账、银行存款日记账。

③建立明细分类账簿。

3.2　期初建账

①会计科目及期初余额见表3-1。

表3-1

会计科目及期初余额

2019年11月30日

单元:元

科目编码	总分类账户	明细分类账户	期末借方	期末贷方
	一、资产类			
1001	库存现金		23 261.21	
1002	银行存款		3 931 168.61	
100201		禄丰农村商业银行—平浪支行	3 820 510.74	

科目编码	总分类账户	明细分类账户	期末借方	期末贷方
100202		中国农业银行一平浪分理处	47 127.44	
100203		中国工商银行禄丰支行	63 530.43	
1012	**其他货币资金**		**38 655.00**	
101201		存出投资款	38 655.00	
1101	**交易性金融资产**		**72 900.00**	
110101		通程控股——成本	44 000.00	
110102		华工科技——成本	28 900.00	
1121	**应收票据**		**5 700 000.00**	
112101		楚雄德胜煤化工有限公司	5 000 000.00	
112102		云南德邦行实业有限公司	700 000.00	
1122	**应收账款**		**2 906 813.65**	
112201		楚雄德胜煤化工有限公司	604 916.25	
112202		云南燃二化工有限公司禄丰玻璃厂	687 795.00	
112203		禄丰天宝磷化工有限公司	1 280 344.80	
112204		云南新立有色金属有限公司	1 685 033.74	
112205		云南前宽商贸有限公司	90 000.00	
112206		武定县华翔经贸球团矿厂		2 170 455.70
112207		昆明风行防水材料有限公司	157 202.00	
112208		禄丰县马拉经贸有限公司渣砖厂	571 977.56	
1221	**其他应收款**		**601 033.66**	
12210101		个人——杨美琼	93 280.66	
12210201		单位——云南兴业融资担保有限公司	320 000.00	
12210201		单位——禄丰县林业局	92 753.00	
12210202		单位——云南招标股份有限公司	40 000.00	
12210301		单位——昆明迪加商贸有限公司	55 000.00	
1231	**坏账准备**			**113 566.06**
123101		应收账款		101 545.39

续表

科目编码	总分类账户	明细分类账户	期末借方	期末贷方
123102		其他应收款		12 020.67
1402	在途物资		**363 951.03**	
140201		中煤	363 951.03	
1403	原材料		**5 348 806.04**	
1405	库存商品		**2 926 520.14**	
1411	周转材料		**25 673.24**	
141101		低值易耗品	25 673.24	
5001	生产成本		**515 230.71**	
500101		基本生产成本	515 230.71	
1528	其他权益工具投资		**216 320.00**	
152801		云南禄丰农村商业银行股份有限公司	216 320.00	
1601	固定资产		**10 848 274.58**	
1602	累计折旧			**9 078 855.86**
1701	无形资产		**900 000.00**	
170101		土地使用权	900 000.00	
1702	累计摊销			**255 000.00**
1811	递延所得税资产		**48 316.52**	
	小计		**36 637 380.09**	**11 617 877.62**
	二、负债类			
2001	短期借款			**6 000 000.00**
200101		禄丰农村商业银行—平浪支行		6 000 000.00
2202	应付账款			**9 204 348.93**
220201		新疆天恒际通供应链有限公司		3 024.00
220202		楚雄州吕合煤业有限公司		1 946 082.22
220203		禄丰供电有限公司		20 743.88
220204		禄丰一平浪供排水有限公司		69 109.90
220204		中国石油云南楚雄销售分公司		108 185.00
220206		一平浪煤矿		2 895 594.38

续表

科目编码	总分类账户	明细分类账户	期末借方	期末贷方
220207		上高县永旺矿业有限公司		1 535 412.35
220208		贵州织金马家田煤业公司	896 326.50	
220209		蕲春鸿兴发贸易有限公司		1 687 176.38
220210		暂估应付款		22 074.00
220211		昆明中货通物流有限公司		1 813 273.32
2211	**应付工资**			**154 437.36**
22110101		工资、奖金、津贴和补贴		115 080.00
22110201		设定提存计划——基本养老保险费		23 016.00
22110301		工会经费和职工教育经费——工会经费		2 301.60
22110302		工会经费和职工教育经费——职工教育经费		1 726.20
22110401		社会保险费——基本医疗保险		10 127.04
22110402		社会保险费——工伤保险		575.40
22110403		社会保险费——失业保险		1 611.12
2221	**应交税费**			**24 613.36**
222101	应交增值税	应交增值税		0.00
222102	未交增值税	未交增值税		21 620.54
222103	应交城市维护建设税	应交城市维护建设税		216.20
222104	应交教育费附加	应交教育费附加		648.61
222105	应交地方教育费附加	应交地方教育费附加		432.41
222106	应交印花税	应交印花税		1 039.30
222107	应交个人所得税	应交个人所得税		656.30
2241	**其他应付款**			**3 406 620.89**
224101		禄丰干海资农工商有限公司		680 125.15
224102		一平浪煤矿		1 735 042.74
224103		禄丰直冲煤矿		961 453.00

续表

科目编码	总分类账户	明细分类账户	期末借方	期末贷方
224104		禄丰洗煤厂		30 000.00
	小计		**896 326.50**	**19 686 347.04**
	三、所有者权益			
4001	实收资本			**2 000 000.00**
400101		个人资本（杨美琼）		1 500 000.00
400102		个人资本（李莉娟）		500 000.00
4101	盈余公积			**0.00**
410101		法定盈余公积金		0.00
4103	本年利润			**9 421 346.39**
4104	利润分配		**5 191 864.46**	
410403		未分配利润	5 191 864.46	
	小计		**5 191 864.46**	**11 421 346.39**
	合计		**42 725 571.05**	**42 725 571.05**

②损益类账户资料见表3-2。

表3-2

损益类账户资料

2019年1—11月 单元:元

科目代码	总分类账户	明细分类账户	本年1—11月	
			累计借方发生额	累计贷方发生额
6001	主营业务收入			**39 970 667.15**
600101		洗精煤		28 700 101.71
600102		烟煤		11 270 565.44
6051	其他业务收入			**1 433 988.01**
605101		出租设备收入		55 000.00
605102		矿渣		1 378 988.01
6101	公允价值变动损益		0.00	**0.00**
6111	投资收益			**0.00**
6301	营业外收入			**37 529.47**

续表

科目代码	总分类账户	明细分类账户	本年1—11月	
			累计借方发生额	累计贷方发生额
6401	**主营业务成本**		**27 491 652.13**	
640101		洗精煤	21 108 445.72	
640102		烟煤	6 383 206.41	
6402	**其他业务成本**		**612 587.41**	
640201		出租设备成本	25 784.00	
640202		矿渣	586 803.41	
6403	**税金及附加**		**108 991.93**	
6601	**销售费用**		**2 642 563.02**	
6602	**管理费用**		**305 786.77**	
6603	**财务费用**		**845 273.11**	
6701	**资产减值损失**			
6711	**营业外支出**		**3 725.68**	
6801	**所得税费用**		**10 258.19**	
	合计		**32 020 838.24**	**41 442 184.63**

③原材料明细分类账户及余额见表3-3。

表3-3

原材料明细分类账户及余额

2019年11月30日

总分类账户	明细账户		编号	单位	数量	单价(元)	金额(元)
原材料	原料及主要材料	原煤	1001	吨	2 825.15	887.71	2 507 913.91
		中煤	1002	吨	2 417.28	624.50	1 509 591.36
		煤矸石	1003	吨	62 616.23	17.07	1 068 859.05
	小计						**5 086 364.32**
	辅助材料	聚丙烯酰胺	2001	吨	15.47	11 257.76	174 157.55
		介质粉	2002	吨	47.32	556.56	26 336.42
	小计						**200 493.97**
	油料	柴油	3001	吨	5.32	5 687.35	30 256.70

续表

总分类账户	明细账户		编号	单位	数量	单价(元)	金额(元)
	小计						**30 256.70**
原材料	零星材料	液压油	4001	桶	40	350.00	14 000.00
		水泥	4002	吨	14	440.00	6 160.00
		电焊条	4003	箱	6	860.00	5 160.00
		铁道工字钢	4004	吨	4.36	1 461.25	6 371.05
	小计						**31 691.05**
	合计						**5 348 806.04**

④周转材料明细账户及余额见表3-4。

表3-4

周转材料明细账户及余额

2019年11月30日

总分类账户	明细账户		编号	计量单位	数量	单价(元)	金额(元)
周转材料	低值易耗品	电机 YZS-5-6	5001	台	2	1 055.28	2 110.56
		电机 YZS-3-6	5002	台	4	810.67	3 242.68
		电焊钳	5003	把	8	40.00	320.00
		五金工具	5004	批	10	2 000.00	20 000.00
	合计						**25 673.24**

⑤库存商品明细账户及余额见表3-5。

表3-5

库存商品明细账户及余额

2019年11月30日

总分类账户	明细账户	编号	单位	数量	单位成本(元)	金额(元)
库存商品	洗精煤	6001	吨	3 133.53	608.38	1 906 376.98
	烟煤	6002	吨	2 507.48	406.84	1 020 143.16
	合计					**2 926 520.14**

⑥基本生产成本明细账户及余额见表3-6。

表3-6

基本生产成本明细账户及余额

2019年11月30日

项目		期初在产品数量(吨)	直接材料(元)	直接人工(元)	制造费用(元)	合计(元)
清洗车间	原煤	328.62	312 139.61	752.10	577.71	313 469.42
	中煤	230.25	153 856.50	490.50	404.78	154 751.78
	煤矸石	2 135.48	39 004.33	4 251.00	3 754.18	47 009.51
合计		**2 694.35**	**505 000.44**	**5 493.60**	**4 736.67**	**515 230.71**

⑦固定资产、累计折旧余额及净值见表3-7。

表3-7

固定资产、累计折旧余额及净值

2019年11月30日　　　　　　　　　　　　　　　　　单位:元

二级账户	固定资产	累计折旧	净值
机器设备	6 843 539.03	6 178 380.95	665 158.08
房屋建筑物	216 450.00	140 691.72	75 758.28
运输设备	2 951 648.34	2 028 477.38	923 170.96
水电设施	759 155.88	685 733.67	73 422.21
办公设备	77 481.33	45 572.14	31 909.19
合计	**10 848 274.58**	**9 078 855.86**	**1 769 418.72**

⑧折旧计算表见表3-8。

表3-8

折旧计算表

2019年11月30日　　　　　　　　　　　　　　　　　单位:元

二级账户	编号	名称	使用部门	原值	本月计提的折旧
机器设备	1001	洗煤设备	清洗车间	141 950.00	1 953.35
	1002	信华转动设备	破碎车间	1 900 000.00	37 832.12

续表

二级账户	编号	名称	使用部门	原值	本月计提的折旧
机器设备	1027	惯性振动器	破碎车间	11 720.00	580.87
	1033	压滤机	清洗车间	196 581.20	3 981.91
	小计			**2 250 251.20**	**44 348.25**
房屋建筑物	2001	办公楼	厂部	87 880.00	732.33
	2002	厂房	破碎车间	36 750.00	306.25
	2003	厂房	清洗车间	35 390.00	294.91
	2004	厂房	配料车间	33 560.00	279.67
	2005	厂房	供水、供电车间	22 870.00	190.58
	小计			**216 450.00**	**1 803.74**
运输设备	3003	厦工装载机	配料车间	298 632.48	4 867.95
	3005	装载机	配料车间	264 957.26	3 894.65
	3007	福田自御汽车	破碎车间	386 410.26	6 453.95
	3011	小汽车	厂部	60 000.00	1 002.00
	3013	厦工装载机	破碎车间	264 957.26	3 894.65
	3014	厦工装载机	经营性租赁	320 000.00	2 344.00
	1016	电子汽车衡	厂部	26 495.73	942.48
	小计			**1 621 452.99**	**23 399.68**
水电设施	4001	电力设备	供水、供电车间	57 867.00	601.82
	4005	变压器	供水、供电车间	118 373.25	1 976.83
	小计			**176 240.25**	**2 578.65**
办公设备	5003	计算机	厂部	10 000.00	820.65
	5006	复印机	厂部	7 600.00	127.44
	小计			**17 600.00**	**948.09**
	合计			**4 281 994.44**	**73 078.41**

注：企业有部分已提足折旧仍继续使用的固定资产，未在此表中列出。

学习情境4
日常经济业务核算

4.1　工作任务

①会计人员审核每笔经济业务的原始凭证,并完善相关手续。

②会计人员根据审核无误的原始凭证填制记账凭证,并交财务主管审核签字。

③出纳登记现金日记账和银行存款日记账。

④会计人员登记明细分类账。

⑤编制科目汇总表,审核后登记总分类账。

⑥编制材料、工资、折旧、辅助生产成本、制造费用等分配表。

⑦编制生产成本计算表。

⑧编制产品销售成本表。

4.2 企业2019年12月发生交易和事项的原始凭证

原始凭证1-1

收 据

No 2042463

2019年12月01日

| 只作内部使用 | 今收到：禄丰一平浪恒益煤业有限公司电汇 | |
| | 交 来 运费 | 第二联：交顾客 |

金额(大写) ⊗壹佰零拾零万零仟零佰零拾零元零角零分

收款单位(公章)   ¥1,000,000

核准：　　会计：　　记账：　　出纳：吴芳　　经办人：

原始凭证1-2

云南省农村商业银行付款凭证

机构代码：0503191983   日期：2019年12月01日

付 款 人：禄丰一平浪恒益煤业有限公司

付款账号：2900000069310012

付 款 行：云南禄丰农村商业银行股份有限公司一平浪支行

收 款 人：新疆天恒际通供应链有限公司

收款账号：3006031209200191768

收 款 行：中国工商银行股份有限公司霍尔果斯支行

大写金额：人民币壹佰万元整

小写金额：¥1000000.00

汇款用途：运费

网银流水：2374330025   行内转汇号：0

汇兑标志：跨行转账   受理渠道：网上银行

云南禄丰农村商业银行股份有限公司
一平浪支行
★ 2019.12.01 ★
业务清讫
（1）

原始凭证1-3

云南省农村商业银行手续费凭证

机构代码:0503191983　　　　　　　　　　　日期:2019年12月01日

户　　　名:禄丰一平浪恒益煤业有限公司	
账　　　号:2900000069310012	
收费项目:网银交易手续费	云南禄丰农村商业银行股份有限公司 一平浪支行 ★ 2019.12.01 ★ 业务清讫 （1）
大写金额:人民币壹拾陆元整	
小写金额:¥16.00	
网银流水:2374330025	
汇兑标志:跨行转账	

原始凭证2-1

云南省农村商业银行付款凭证

机构代码:0503191983　　　　　　　　　　　日期:2019年12月01日

付　款　人:禄丰一平浪恒益煤业有限公司	
付款账号:2900000069310012	
付　款　行:云南禄丰农村商业银行股份有限公司一平浪支行	
收　款　人:濮阳市隆豫净水材料有限公司	
收款账号:314130018000000140	云南禄丰农村商业银行股份有限公司 一平浪支行 ★ 2019.12.01 ★ 业务清讫 （1）
收　款　行:濮阳农村信用合作社联合社	
大写金额:人民币贰万伍仟元整	
小写金额:¥25000.00	
汇款用途:货款	
网银流水:2374406918	行内转汇号:0
汇兑标志:跨行转账	受理渠道:网上银行

原始凭证2-2

云南省农村商业银行手续费凭证

机构代码:0503191983　　　　　　　　　　　　　日期:2019年12月01日

户　　　名：禄丰一平浪恒益煤业有限公司

账　　　号：2900000069310012

收费项目：网银交易手续费

云南禄丰农村商业银行股份有限公司
一平浪支行
★ 2019.12.01 ★
业务清讫
（1）

大写金额：人民币捌元整

小写金额：¥8.00

网银流水：2374406918

汇兑标志：跨行转账

原始凭证3-1

云南省农村商业银行来账凭证

机构代码:0503191983　　打印日期:2019年12月01日　　打印次数:1　　打印柜员:197511

来 账 日 期：2019年12月01日　　平台流水号:50637619　　　系统标识:大额系统

业 务 类 型：普通汇兑　　　　　　　　　　　　　　　　　业务状态:已自动入账

付 款 人 账 号：24302201040004599

付 款 人 名 称：禄丰天宝磷化工有限公司

付款开户行号：103738020995

付款开户行名：中国农业银行股份有限公司楚雄分行运营管理部

收 款 人 账 号：2900000069310012

收 款 人 名 称：禄丰一平浪恒益煤业有限公司

收款开户行号：402739100015

收款开户行名：云南禄丰农村商业银行股份有限公司

云南禄丰农村商业银行股份有限公司
一平浪支行
★ 2019.12.01 ★
业务清讫
（1）

金 额 大 写：贰拾万元整　　　　　　　　　　小写:¥200000.00

附言及用途：煤款

事后监督：　　　　　会计：　　　　　复核：　　　　　记账：

22

原始凭证4-1

云南省农村商业银行来账凭证

| 机构代码:0503191983 | 打印日期:2019年12月01日 | 打印次数:1 | 打印柜员:197511 |

来 账 日 期:2019年12月01日　平台流水号:50958390　　系统标识:大额系统

业 务 类 型:普通汇兑　　　　　　　　　　　　　　　业务状态:已自动入账

付款人账号:24021601040006082

付款人名称:云南前宽商贸有限公司

付款开户行号:103731002984

付款开户行名:中国农业银行股份有限公司昆明官渡支行

收款人账号:2900000069310012

收款人名称:禄丰一平浪恒益煤业有限公司

收款开户行号:402739100015

收款开户行名:云南禄丰农村商业银行股份有限公司

云南禄丰农村商业银行股份有限公司
——平浪支行
★ 2019.12.01 ★
业务清讫
（1）

金 额 大 写:玖万元整　　　　　　　　　　　　小写:¥90000.00

附言及用途:煤款

事后监督:　　　　会计:　　　　复核:　　　　记账:

原始凭证5-1

河南增值税专用发票

4100163130

发 票 联

No 01777797 4100163130
01777797

开票日期:2019年12月03日

购买方	名　称:禄丰一平浪恒益煤业有限公司	密码区	（略）
	纳税人识别号:915323317990282275C		
	地址、电话:禄丰县一平浪镇福台山 13987844570		
	开户行及账号:云南禄丰农村商业银行股份有限公司一平浪支行2900000069310012		

货物或应税劳务、服务名称	规格型号	单位	数量	单价	金额	税率	税额
电机	YZS-5-6	台	1	1123.89375	1123.89	13%	146.11
电机	YZS-3-6	台	1	840.709459	840.71	13%	109.29
合　计					¥1964.60		¥255.40
价税合计(大写)	⊗贰仟贰佰贰拾元整			(小写)¥2220.00			

销货单位	名　称:新乡市特种电机制造有限公司	备注	
	纳税人识别号:914107007066114 1XB		
	地址、电话:新乡市高新技术创业园 0373-3518555		
	开户行及账号:中国邮政储蓄银行股份有限公司新乡劳动南街支行100484205890010001		

新乡市特种电机制造有限公司
914107007066114XB
发票专用章

收款人:明志杰　　　复核:刘亚平　　　开票人:郑娜　　　销货单位:(章)

税总函[2017]311号海南华森实业有限公司

第三联:发票联　购买方记账凭证

原始凭证 5-2

云南省农村商业银行付款凭证

机构代码：0503191983   日期：2019年12月03日

付 款 人：禄丰一平浪恒益煤业有限公司

付款账号：2900000069310012

付 款 行：云南禄丰农村商业银行股份有限公司一平浪支行

收 款 人：新乡市特种电机制造有限公司

收款账号：100484205890010001

收 款 行：中国邮政储蓄银行股份有限公司新乡劳动南街支行

大写金额：人民币贰仟贰佰贰拾元整

小写金额：¥2220.00

汇款用途：货款

网银流水：2374550325   行内转汇号：0

汇兑标志：跨行转账   受理渠道：网上银行

> 云南禄丰农村商业银行股份有限公司
> 一平浪支行
> ★ 2019.12.03 ★
> 业务清讫
> （1）

原始凭证 5-3

云南省农村商业银行手续费凭证

机构代码：0503191983   日期：2019年12月03日

户 　 名：禄丰一平浪恒益煤业有限公司

账 　 号：2900000069310012

收费项目：网银交易手续费

大写金额：人民币肆元整

小写金额：¥4.00

网银流水：2374550325

汇兑标志：跨行转账

> 云南禄丰农村商业银行股份有限公司
> 一平浪支行
> ★ 2019.12.03 ★
> 业务清讫
> （1）

原始凭证5-4

采购入库单

仓库:周转材料仓库

供货单位:新乡市特种电机制造有限公司

2019 年 12 月 3 日

材料编码	材料名称	材料类别	计量单位	采购数量	验收数量	单价	金额
5001	电机YZS-5-6	低值易耗品	台	1	1	1123.89	1123.89
5002	电机YZS-3-6	低值易耗品	台	1	1	840.71	840.71

收料人:梅明　　　　　　　保管:李起文　　　　　　　制单:付林勇

第二联:记账

原始凭证6-1

云南省农村商业银行来账凭证

机构代码:0503191983　　　　打印日期:2019 年 12 月 03 日　　　　打印次数:1　　　打印柜员:197511

来　账　日　期:2019 年 12 月 03 日　　平台流水号:99617665	系统标识:大额系统
业　务　类　型:普通汇兑	业务状态:已自动入账
付款人账号:137238933150	
付款人名称:蒙自东澄商贸有限公司	
付款开户行号:104143319112	云南禄丰农村商业银行股份有限公司
付款开户行名:中国银行股份有限公司红河州分行	一平浪支行
收款人账号:2900000069310012	★ 2019.12.03 ★
收款人名称:禄丰一平浪恒益煤业有限公司	业务清讫
收款开户行号:402739100015	（1）
收款开户行名:云南禄丰农村商业银行股份有限公司	
金额大写:壹拾万元整	小写:¥100000.00
附言及用途:借款	

事后监督:　　　　　会计:　　　　　复核:　　　　　记账:

财务会计综合实训

云南省农村商业银行来账凭证

机构代码:0503191983   打印日期:2019年12月04日   打印次数:1   打印柜员:197514

来 账 日 期:2019年12月04日 平台流水号:99617665	系统标识:大额系统
业 务 类 型:普通汇兑	业务状态:已自动入账
付款人账号:24301203040003097	
付款人名称:武定县华翔经贸有限公司球团矿厂	
付款开户行号:103738010995	云南禄丰农村商业银行股份有限公司
付款开户行名:中国农业银行股份有限公司楚雄分行运营管理部	一平浪支行
收款人账号:2900000069310012	★ 2019.12.04 ★
收款人名称:禄丰一平浪恒益煤业有限公司	业务清讫
收款开户行号:402739100015	(2)
收款开户行名:云南禄丰农村商业银行股份有限公司	
金 额 大 写:壹佰万元整	小写:¥1000000.00
附言及用途:煤款	

事后监督: 会计: 复核: 记账:

采购入库单

仓库:原材料仓库

供货单位:一平浪煤矿   2019年12月4日

材料编码	材料名称	材料类别	计量单位	采购数量	验收数量	单价	金额
1002	中煤	原料及主要材料	吨	540.57	540.57	673.27	363951.03

第二联:记账

收料人:梅明   保管:李起文   制单:付林勇

原始凭证9-1

河南增值税专用发票　　No 03711006 4100173130

4100173130　　　　　　　　　　　　　　　03711006

发 票 联　　　　开票日期:2019年12月05日

购买方	名 称:禄丰一平浪恒益煤业有限公司 纳税人识别号:91532331790282275C 地址 、电话:禄丰县一平浪镇福台山 13987844570 开户行及账号:云南禄丰农村商业银行股份有限公司一平浪支行2900000069310012	密码区	（略）

货物或应税劳务、服务名称	规格型号	单位	数量	单价	金额	税率	税额
聚丙烯酰胺		吨	2	11061.9469	22123.89	13%	2876.11
合 计					¥22123.89		¥2876.11

价税合计(大写)	⊗贰万伍仟元整　　　　(小写)¥25000.00

销货单位	名 称:濮阳市隆豫净水材料有限公司 纳税人识别号:91410927MA44FDW41K 地 址、电话:河南省濮阳市台前县城关镇尚庄村 18887411338 开户行及账号:河南台前农村商业银行股份有限公司凤台支行31413001800000140	备注	

收款人:明志杰　　　　复核:刘亚平　　　　开票人:郑娜　　　　销货单位:(章)

税总函(2017)212号海南华森实业公司

第三联：发票联　购买方记账凭证

原始凭证9-2

采购入库单

仓库:原材料仓库

供货单位:濮阳市隆豫净水材料有限公司　　　　　　　　2019年12月5日

材料编码	材料名称	材料类别	计量单位	采购数量	验收数量	单价	金额
2001	聚丙烯酰胺	辅助材料	吨	2	2	11061.95	22123.90

收料人:梅明　　　　保管:李起文　　　　制单:付林勇

第二联：记账

原始凭证 10-1

税总函〔2017〕117号中钞光华印制有限公司

	云南增值税专用发票	No 03515190 5300171130
5300171130		03515190

此联不作报销抵税凭证使用　　　开票日期：2019 年 12 月 05 日

购买方	名　称：云南风行防水材料限公司 纳税人识别号：91530181216575604L 地址、电话：昆明安宁市安丰营村委会上禄腾村 0871-65362350 开户行及账号：中国银行股份有限公司昆明民族村支行137217634860	密码区	（略）

货物或应税劳务、服务名称	规格型号	单位	数量	单价	金额	税率	税额
洗精煤		吨	686.74	1240.800527	852107.35	13%	110773.96
合　计					¥852107.35		¥110773.96

价税合计（大写）	⊗玖拾陆万贰仟捌佰捌拾壹元叁角壹分　　　（小写）¥962881.31

销货单位	名　称：禄丰一平浪恒益煤业有限公司 纳税人识别号：91532331790282275C 地址、电话：禄丰县一平浪镇福台山 13987844570 开户行及账号：云南禄丰农村商业银行股份有限公司一平浪支行2900000069310012	备注

收款人：明志杰　　　　复核：刘亚平　　　　开票人：郑娜　　　　销货单位：（章）

第三联：发票联　购买方记账凭证

原始凭证 11-1

工资结算表

2019 年 11 月

单位：元

部门		基本工资	岗位津贴	资金、补贴	缺勤扣款	应付工资	代扣款项					实发工资
							养老保险	医疗保险	失业保险	个人所得税	扣款合计	
破碎车间	生产工人	6 000.00	2 100.00	1 500.00	60.00	9 540.00	763.20	190.80	95.40	0.00	1 049.40	8 490.60
	管理人员	3 000.00	1 200.00	700.00	0.00	4 900.00	392.00	98.00	49.00	0.00	539.00	4 361.00
	小计	9 000.00	3 300.00	2 200.00	60.00	14 440.00	1 155.20	288.80	144.40	0.00	1 588.40	12 851.60
清洗车间	生产工人	12 000.00	5 500.00	4 500.00	0.00	22 000.00	1 760.00	440.00	220.00	0.00	2 420.00	19 580.00
	管理人员	3 000.00	1 200.00	700.00	0.00	4 900.00	392.00	98.00	49.00	0.00	539.00	4 361.00
	小计	15 000.00	6 700.00	5 200.00	0.00	26 900.00	2 152.00	538.00	269.00	0.00	2 959.00	23 941.00

续表

部门		基本工资	岗位津贴	资金、补贴	缺勤扣款	应付工资	代扣款项					实发工资
							养老保险	医疗保险	失业保险	个人所得税	扣款合计	
配料车间	生产工人	6 000.00	2 100.00	1 500.00	90.00	9 510.00	760.80	190.20	95.10	0.00	1 046.10	8 463.90
	管理人员	3 000.00	1 200.00	700.00	0.00	4 900.00	392.00	98.00	49.00	0.00	539.00	4 361.00
	小计	**9 000.00**	**3 300.00**	**2 200.00**	**90.00**	**14 410.00**	**1 152.80**	**288.20**	**144.10**	**0.00**	**1 585.10**	**12 824.90**
水电车间	生产工人	1 500.00	600.00	500.00	0.00	2 600.00	208.00	52.00	26.00	0.00	286.00	2 314.00
	管理人员	3 000.00	2 100.00	700.00	0.00	5 800.00	464.00	116.00	58.00	0.00	638.00	5 162.00
	小计	**4 500.00**	**2 700.00**	**1 200.00**	**0.00**	**8 400.00**	**672.00**	**168.00**	**84.00**	**0.00**	**924.00**	**7 476.00**
厂部管理人员		32 330.00	11 300.00	7 300.00	0.00	50 930.00	4 074.40	1 018.60	509.30	328.15	5 930.45	44 999.55
合　计		**69 830.00**	**27 300.00**	**18 100.00**	**150.00**	**115 080.00**	**9 206.40**	**2 301.60**	**1 150.80**	**328.15**	**12 986.95**	**102 093.05**

原始凭证 11-2

云南省农村商业银行付款凭证

机构代码:0503191983　　　　　　　　　　　　　　　　　日期:2019 年 12 月 05 日

付　款　人：禄丰一平浪恒益煤业有限公司	
付款账号：2900000069310012	
付　款　行：云南禄丰农村商业银行股份有限公司一平浪支行	云南禄丰农村商业银行股份有限公司
收　款　人：	一平浪支行
收款账号：6223690189153261	★ 2019.12.05 ★
收　款　行：云南禄丰农村商业银行股份有限公司一平浪支行	业务清讫（1）
大写金额：人民币壹拾万贰仟零玖拾叁元零伍分	
小写金额：¥102093.05	
汇款用途：代发工资	
网银流水：2374332367	行内转汇号:0
汇兑标志：行内转账	受理渠道:网上银行

原始凭11-3

云南省农村商业银行手续费凭证

机构代码：0503191983   日期：2019年12月05日

户　　　名：禄丰一平浪恒益煤业有限公司

账　　　号：2900000069310012

收费项目：网银交易手续费

> 云南禄丰农村商业银行股份有限公司
> 一平浪支行
> ★ 2019.12.05 ★
> 业务清讫
> （1）

大写金额：人民币肆元整

小写金额：¥4.00

网银流水：2374332367

汇兑标志：行内转账

原始凭证12-1

云南增值税专用发票

No 01813602 5300168450

5300168450

01813602

机器编号：499903934272　　**发 票 联**　　开票日期：2019年12月07日

| 购买方 | 名　　称：禄丰一平浪恒益煤业有限公司 纳税人识别号：91532331790282275C 地址、电话：禄丰县一平浪镇福台山 13987844570 开户行及账号：云南禄丰农村商业银行股份有限公司一平浪支行2900000069310012 | | | | | 密码区 | （略） |

货物或应税劳务、服务名称	规格型号	单位	数量	单价	金额	税率	税额
维修费		辆	1	707.9646	707.96	13%	92.04
合　计					¥707.96		¥92.04

价税合计（大写）	⊗捌佰元整 　　　　（小写）¥800.00

| 销货单位 | 名　　称：云南鑫源汽车销售有限公司 纳税人识别号：915300007482886815 地址、电话：云南省昆明市盘龙区青云街道办事处白龙路500号 0871- 65636066 开户行及账号：广发银行股份有限公司昆明分行13200151810014611 |

收款人：肖琼　　　复核：姚桂富　　　开票人：李杰梅　　　销货单位：（章）

> 云南鑫源汽车销售有限公司
> 备注
> 915300007482886815
> 发票专用章

税总函[2017]117号中钞光华印制有限公司

第三联：发票联　购买方记账凭证

原始凭证12-2

费用报销清单

使用单位:禄丰一平浪恒益煤业有限公司　　　　　　　　报销日期:2019年12月07日

用途	报销数		财务科审核意见
	单据张数	金额	
支付办公室车辆维修费	1	800	同意报销
		现金付讫	曹华
金额合计(大写)捌佰元整	¥800.00		
付讫记录:现金:√　　　　银行:　　　　转账:			

单位负责人:杨美琼　　　　　　　　　　　　　经报人:杨勇

原始凭证13-1

借 据

2019年12月7日

借款单位	办公室李绍兴			十	万	千	百	十	元	角	分
人民币(大写)陆仟元整		银行付讫			¥	6	0	0	0	0	0
借款事由:出差预借差旅费											
领导批示	财务负责人	借款单位负责人		借款人							
	曹华	杨美琼		李绍兴							

第三联:记账联

原始凭证13-2

农村商业银行
转账支票存根
40205320
04497324

附加信息
_____
_____

出票日期　2019年12月07日

收款人: 李绍兴
金额:6000.00
用途:李绍兴借差旅费
单位主管　曹华　　会计

云南证券印务有限公司2014年印制

原始凭证14-1

农村商业银行
转账支票存根
40205320
04497324

附加信息

_____

_____

出票日期 2019 年 12 月 8 日

收款人：

禄丰一平浪恒益煤业有限公司

金额：¥30000.00

用途：提现备用

单位主管　曹华　　　会计

云南证券印务有限公司.2014年印制

原始凭证15-1

收 据

No 0053050

2019 年 12 月 8 日

第　号

兹收到 武定县华翔经贸有限公司球团矿厂　交来下列款项此据

摘　　　要	金额									备注
	百	十	万	千	百	十	元	角	分	
银行承兑汇票 40200052/21208645	¥	5	0	0	0	0	0	0	0	
合　计										

（大写）⊗×佰伍拾零万零仟零佰零拾零元零角零分 ¥:500000.00

人民币

主管：曹华

经办人：杨美琼

第三联：记账

原始凭证 15-2

40200052

2　21208645

银行承兑汇票

出票日期 贰零壹玖 年 壹拾 月 贰拾柒 日

（大写）

出票人全称	嵩县万鑫黄金珠宝有限公司	收款人	全　称	嵩县东方龙商贸有限公司
出票人账号	6641811900000502		账　号	66410201160000022
付款行全称	河南嵩县农村商业银行股份有限公司		开户银行	河南嵩县农村商业银行股份有限公司

出票金额	人民币 （大写）伍拾万元整	亿	千	百	十	万	千	百	十	元	角	分
				￥	5	0	0	0	0	0	0	0

汇票到期日 （大写）	贰零贰零年零肆月贰拾柒日	付款行	行号	402493501011
承兑协议 编号	6641801011702223751		地址	河南省洛阳市嵩县白云大道中段

本汇票请你行承兑，到期无条件付款。

财务专用章

立李成印
出票人签章：

本汇票已经承兑，到期日由本行付款。

河南

承兑银行签章

承兑日期　年　月　日

备注

汇票专用章

郭会

密押

复核　　记账

此联收款人开户行随托收凭证寄付款行作借方凭证附件

原始凭证 15-3

粘　　单

被背书人：武定县华翔经贸有限公司球园矿厂	被背书人：禄丰一平浪恒益煤业有限公司	被背书人
同意将该票据转让给武定县华翔经贸有限公司球园矿厂 财务专用章 恩杨印继 背书人签章 2019年11月29日	同意将该票据转让给禄丰一平浪恒益煤业有限公司 财务专用章 青杨印红 背书人签章 2019年12月8日	背书人签章 年　月　日

原始凭证16-1

中国农业银行
AGRICULTURAL BANK OF CHINA

业务凭证

业务回单(收款)

入账日期:20191208	回单编号:32700453209132642487	第1次打印

付款方账号:2900000069310012　　　　　　　　　付款方多级账簿号:

付款方户名:禄丰一平浪恒益煤业有限公司

付款方多级账簿名:

付款开户行:云南禄丰农村商业银行股份有限公司一平浪支行

收款方账号:24302901040001731　　　　　　　　付款方多级账簿号:

收款方户名:禄丰一平浪恒益煤业有限公司

收款方多级账簿名:

收款开户行:中国农业银行股份有限公司禄丰一平浪分理处

币种:　　　**人民币**　　　　金额:¥5,000.00

金额(大写):伍仟元整

交易时间:16:54:36　　日志号:453209132　　状态:正常　　渠道:超级网银　　摘要:柜台转账存款

附言:　　　内部银行转账

原始凭证16-2

云南省农村商业银行付款凭证

机构代码:0503191983　　　　　　　　　　　　　　日期:2019年12月08日

付　款　人:禄丰一平浪恒益煤业有限公司

付款账号:2900000069310012

付　款　行:云南禄丰农村商业银行股份有限公司一平浪支行

收　款　人:禄丰一平浪恒益煤业有限公司

收款账号:24302901040001731

收　款　行:中国农业银行股份有限公司禄丰一平浪分理处

大写金额:人民币伍仟元整

小写金额:¥5000.00

汇款用途:内部银行转账

网银流水:2393252350　　　　　　　　　　　行内转汇号:0

汇兑标志:跨行支付业务　　　　　　　　　　　受理渠道:网上银行

原始凭证17-1

中华人民共和国
税收电子缴款书

注册登记类型:其他有限责任公司　填发日期:2019年12月09日　税务机关:原云南省禄丰县国家税
务局办税服务厅

纳税人识别号	91532331790282275C		纳税人名称	禄丰一平浪恒益煤业有限公司		
地　址	云南省楚雄彝族自治州禄丰县一平浪镇福台山					
税种	品目名称	课税数量	计税金额或销售收入	税率或单位税额	税款所属时期	已缴或扣除额	实缴金额
增值税	洗煤		166311.85	0.13	2019-11-01至2019-11-30	0	21620.54

金额合计	(大写)贰万壹仟陆佰贰拾元伍角肆分			¥21620.54
税务机关	代征单位（盖章）	填票人 云南省税务局网上办税厅	备注	

妥善保管

原始凭证17-2

云南省农村商业银行　　　　电子缴税付款凭证

转账日期:2019年12月09日　　　　凭证字号:3201712080000022266

纳税人全称及纳税人识别号:禄丰一平浪恒益煤业有限公司　91532331790282275C
付款人全称:禄丰一平浪恒益煤业有限公司
付款人账号:2900000069310012　　征收机关名称:国家税务局禄丰县税务局
付款人开户银行:云南禄丰农村商业银行股份有限公司一平浪支行
收款国库(银行)名称:国家金库楚雄州中心支库
小写(合计)金额:¥21620.54　　　　缴款书交易流水号:47533756
大写(合计)金额:人民币贰万壹仟陆佰贰拾元伍角肆分　税票号码:3201703080000022000

税(费)种名称	所属时期	实缴金额
增值税	20191101-20191130	¥21,620.54

第01次打印　　　　　　　　　　　打印时间:2019年12月09日10时08分

第二联:客户回单　　　　复核　　　记账 张昱

原始凭证 18-1

中华人民共和国
税收电子缴款书

注册登记类型:其他有限责任公司　　填发日期:2019 年 12 月 09 日　　税务机关:原云南省禄丰县国家税务局办税服务厅

纳税人识别号	91532331790282275C			纳税人名称		禄丰一平浪恒益煤业有限公司		
地　址	云南省楚雄彝族自治州禄丰县一平浪镇福台山							
税种	品目名称	课税数量	计税金额或销售收入	税率或单位税额	税款所属时期	已缴或扣除额	实缴金额	
城市维护建设税			21620.54	0.01	2019-11-01 至 2019-11-30	0	216.20	
地方教育费附加			21620.54	0.02	2019-11-01 至 2019-11-30	0	432.41	
教育费附加			21620.54	0.03	2019-11-01 至 2019-11-30	0	648.61	
金额合计	(大写)壹仟贰佰玖拾柒元贰角贰分						¥1297.22	
税务机关（盖章）	代征单位（盖章）		填票人 云南省税务局网上办税厅			备注		

妥善保管

原始凭证 18-2

中华人民共和国
税收电子缴款书

注册登记类型:其他有限责任公司　　填发日期:2019 年 12 月 09 日　　税务机关:原云南省禄丰县国家税务局办税服务厅

纳税人识别号	91532331790282275C			纳税人名称		禄丰一平浪恒益煤业有限公司		
地　址	云南省楚雄彝族自治州禄丰县一平浪镇福台山							
税种	品目名称	课税数量	计税金额或销售收入	税率或单位税额	税款所属时期	已缴或扣除额	实缴金额	
印花税	购销合同		346433.33	0.003	2019-11-01 至 2019-11-30	0	1039.30	
金额合计	(大写)壹仟零叁拾玖元叁角整						¥1039.30	
税务机关（盖章）	代征单位（盖章）		填票人 云南省税务局网上办税厅			备注		

妥善保管

原始凭证18-3

中国农业银行 中国农业银行云南分行电子缴税付款凭证
AGRICULTURAL BANK OF CHINA

转账日期：20191208

纳税人全称及纳税人识别号：禄丰一平浪恒益煤业有限公司 91532331790282275C

付款人账号：24302901040001731　　　　　　付款人开户银行：243029

付款人名称：禄丰一平浪恒益煤业有限公司

征收机关代码：25323310000　　　　　　征收机关名称：国家税务总局禄丰县税务局

收款国库（银行）名称：国家金库禄丰县支库

小写（合计）金额：￥1,039.30　　　　　　缴款书交易流水号：54068584

大写（合计）金额：壹仟零叁拾玖元叁角整　　　　　税票号码：32700450875445321120

税（费）种名称	所属时期	实缴金额
印花税	20191101-20191130	1039.30

2019.12.08
业务办讫（05）
张祥

第01次打印　　　　　　　　　　　　　　　打印时间：2019年12月09日10时10分

第二联：客户回单　　　　　　复核　　　　　　记账

原始凭证18-4

中国农业银行 中国农业银行云南分行电子缴税付款凭证
AGRICULTURAL BANK OF CHINA

转账日期：20191208

纳税人全称及纳税人识别号：禄丰一平浪恒益煤业有限公司 91532331790282275C

付款人账号：24302901040001731　　　　　　付款人开户银行：243029

付款人名称：禄丰一平浪恒益煤业有限公司

征收机关代码：25323310000　　　　　　征收机关名称：国家税务总局禄丰县税务局

收款国库（银行）名称：国家金库禄丰县支库

小写（合计）金额：￥1,297.22　　　　　　缴款书交易流水号：53808551

大写（合计）金额：壹仟贰佰玖拾柒元贰角贰分　　　　　税票号码：32700450875445321121

税（费）种名称	所属时期	实缴金额
城市维护建设税	20191101-20191130	216.20
地方教育费附加	20191101-20191130	432.41
教育费附加	20191101-20191130	648.61

2019.12.08
业务办讫（05）
张祥

第01次打印　　　　　　　　　　　　　　　打印时间：2019年12月09日10时08分

第二联：客户回单　　　　　　复核　　　　　　记账

原始凭证18-5

中国农业银行
AGRICULTURAL BANK OF CHINA

业务凭证

业务回单(付款)

入账日期:20191208　　　　回单编号:32710417410115591214　　　　第1次打印

付款方账号:24302901040001731　　　　　　　　　付款方多级账簿号:

付款方户名:禄丰一平浪恒益煤业有限公司

付款方多级账簿名:

付款开户行:中国农业银行股份有限公司禄丰一平浪分理处

收款方账号:24302901940050310　　　　　　　　　付款方多级账簿号:

收款方户名:

收款方多级账簿名:

收款开户行:3029

币种:　　　**人民币**　　　金额:**30.00**

金额(大写):叁拾元整

交易时间:19:29:35　　　日志号:417410115　　　状态:正常　　　渠道:超级网银　　　摘要:转账取款

附言:　　　　短信费:

中国农业银行股份有限公司
禄丰一平浪分理处
2019.12.08
业务办讫（05）
柏瑞兰

原始凭证19-1

收　据

No 2042466

2019年12月8日

今收到:禄丰一平浪恒益煤业有限公司

交　来　货款

金额(大写)　⊗佰肆拾柒万柒仟陆佰玖拾叁元捌角零分

收款单位(公章)　　　　　　　　　　　¥477693.80

新疆国际通供应链有限公司
财务专用章

核准:　　　会计:　　　记账:　　　出纳:吴芳　　　经办人:

第二联:交顾客

只作内部使用

原始凭证19-2

云南省农村商业银行付款凭证

机构代码:0503191983　　　　　　　　　　　　　　　　　日期:2019年12月08日

付　款　人:禄丰一平浪恒益煤业有限公司
付款账号:2900000069310012
付　款　行:云南禄丰农村商业银行股份有限公司一平浪支行
收　款　人:新疆天恒际通供应链有限公司
收款账号:3006031209200191768
收　款　行:中国工商银行股份有限公司霍尔果斯支行
大写金额:人民币肆拾柒万柒仟陆佰玖拾叁元捌角整
小写金额:¥477693.80
汇款用途:货款
网银流水:2393083114
汇兑标志:跨行转账

云南禄丰农村商业银行股份有限公司
一平浪支行
★ 2019.12.08 ★
业务清讫
（1）

行内转汇号:0

受理渠道:网上银行

原始凭证19-3

云南省农村商业银行手续费凭证

机构代码:0503191983　　　　　　　　　　　　　　　　　日期:2019年12月08日

户　　　名:禄丰一平浪恒益煤业有限公司
账　　　号:2900000069310012
收费项目:网银交易手续费
大写金额:人民币壹拾贰元整
小写金额:¥12.00
网银流水:2393083114
汇兑标志:跨行转账

云南禄丰农村商业银行股份有限公司
一平浪支行
★ 2019.12.08 ★
业务清讫
（1）

原始凭证19-4

收　据

No 2042467

2019 年 12 月 8 日

今收到：禄丰一平浪恒益煤业有限公司

交　来　运费

只作内部使用

金额（大写）　⊗佰壹拾叁万陆仟伍佰捌拾壹元捌角零分

收款单位（公章）

¥136,581.80

第二联：交顾客

核准：　　　会计：　　　记账：　　　出纳：吴芳　　　经办人：

原始凭证19-5

云南省农村商业银行付款凭证

机构代码：0503191983

日期：2019 年 12 月 08 日

付　款　人：禄丰一平浪恒益煤业有限公司

付款账号：2900000069310012

付　款　行：云南禄丰农村商业银行股份有限公司一平浪支行

收　款　人：新疆天恒际通供应链有限公司

收款账号：3006031209200191768

收　款　行：中国工商银行股份有限公司霍尔果斯支行

大写金额：人民币壹拾叁万陆仟伍佰捌拾壹元捌角整

小写金额：¥136581.80

汇款用途：运费

网银流水：2393090776

汇兑标志：跨行转账

行内转汇号：0

受理渠道：网上银行

云南禄丰农村商业银行股份有限公司
一平浪支行
2019.12.08
业务清讫
（1）

原始凭证19-6

云南省农村商业银行手续费凭证

机构代码：0503191983

日期：2019年12月08日

户　　名：禄丰一平浪恒益煤业有限公司

账　　号：2900000069310012

收费项目：网银交易手续费

大写金额：人民币壹拾贰元整

小写金额：¥12.00

网银流水：2393090776

汇兑标志：跨行转账

> 云南禄丰农村商业银行股份有限公司
> 一平浪支行
> ★ 2019.12.08 ★
> 业务清讫
> （1）

原始凭证20-1

5300162130

云南增值税专用发票

发　票　联

No 03533097　5300162130

03533097

开票日期：2019年12月09日

购买方	名　　称：禄丰一平浪恒益煤业有限公司							
	纳税人识别号：91532331790282275C							
	地址、电话：禄丰县一平浪镇福台山 13987844570							
	开户行及账号：云南禄丰农村商业银行股份有限公司一平浪支行2900000069310012							

密码区　（略）

货物或应税劳务、服务名称	规格型号	单位	数量	单价	金额	税率	税额
柴油	0#普通柴油	吨	5	5955.75221	29778.76	13%	3871.24
合　计					¥29778.76		¥3871.24
价税合计（大写）	⊗叁万叁仟陆佰伍拾元整　　（小写）¥33650.00						

销货单位	名　　称：中国石油天然气股份有限公司云南楚雄销售分公司	备注
	纳税人识别号：91532300686155735B	
	地址、电话：楚雄市开发区紫溪大道三号桥头尚城商务中心主楼16楼 0878-3875844	
	开户行及账号：中国工商银行股份有限公司楚雄东路支行25160295290001579	

> 中国石油天然气股份有限公司云南楚雄销售分公司
> 91532300686155735B
> 发票专用章

收款人：王梅　　　复核：延丽华　　　开票人：鲁艳燕　　　销货单位：（章）

原始凭证20-2

采购入库单

仓库:原材料仓库

供货单位:中国石油天然气股份有限公司云南楚雄销售分公司　　　　2019年12月09日

材料编码	材料名称	材料类别	计量单位	采购数量	验收数量	单价	金额
3001	柴油	油料	吨	5	5	5955.75	29778.76

第二联：记账

收料人:梅明　　　　　　　保管:李起文　　　　　　　制单:付林勇

原始凭证21-1

云南省农村商业银行来账凭证

机构代码:0503191983　　　打印日期:2019年12月10日　　　打印次数:1　　　打印柜员:197511

来 账 日 期:2019年12月10日　　平台流水号:50958390　　　系统标识:大额系统

业 务 类 型:普通汇兑　　　　　　　　　　　　　　　　　业务状态:已自动入账

付款人账号:2516044419200785466

付款人名称:云南招标股份有限公司

付款开户行号:103317004905

付款开户行名:中国工商银行股份有限公司云南昆明西山区分行

收款人账号:2900000069310012

收款人名称:禄丰一平浪恒益煤业有限公司

收款开户行号:402739100015

收款开户行名:云南禄丰农村商业银行股份有限公司

金 额 大 写:肆万元整　　　　　　　　　　　　小写:40000.00

附言及用途:退回保证金

> 云南禄丰农村商业银行股份有限公司
> 一平浪支行
> ★ 2019.12.10 ★
> 业务清讫
> （1）

事后监督:　　　　会计:　　　　复核:　　　　记账:

原始凭证22-1

费用报销清单

使用单位:禄丰一平浪恒益煤业有限公司　　　　　　　报销日期:2019年12月11日

用途	报销数		财务科审核意见
	单据张数	金额	
支付办公室车辆加油费	2	595	同意报销
			曹华
	现金付讫		
金额合计(大写):伍佰玖拾伍元整　　　¥595.00			
付讫记录:现金√　　　银行:　　　转账:			

单位负责人:杨美琼　　　　　　　　　　　经报人:杨勇

原始凭证22-2

云南省通用机打发票
发票联

中国石油天然气股份有限公司云南销售分公司

发票代码:153001444020
发 票 号:00491898
机 打 号:153001444020 00491898
机器编码:0000531010165830
收款单位:中国石油天然气股份有限公司云南楚雄销售分公司一平浪加油站
税 号:532331557789117
开票日期:2019/12/10　　　　　　　　　收款员:李正旺
付款单位(个人):禄丰一平浪恒益煤业有限公司

项目:	单价	数量	金额
92号 车用汽油(V)	6.67	52.50	350.17

(如机打号与印刷码不一致,发票无效)

小写合计:¥350.17
大写合计:叁佰伍拾元零壹角柒分
税 控 码:3953 3968 8823 6370 6397

手写无效

530112738081329
发票专用章

云南省国税印刷厂2017年12月印12890000份(12890000×1)#号码起讫

原始凭证22-3

云南省通用机打发票
发票联

中国石油天然气股份有限公司云南销售分公司

发票代码:153001444020
发 票 号:00491808
机 打 号:153001444020 00491808
机器编码:0000531010165830
收款单位:中国石油天然气股份有限公司云南楚雄销售分公司一平浪加油站
税 号:532331557789117
开票日期:2019/12/10　　　　　　　　　收款员:张成雷
付款单位(个人):禄丰一平浪恒益煤业有限公司

项目:	单价	数量	金额
92号 车用汽油(V)	6.67	36.73	245.00

(如机打号与印刷码不一致,发票无效)

小写合计:¥245.00
大写合计:贰佰肆拾伍元整
税 控 码:2292 9673 4835 9092 9598

手写无效

530112738081329
发票专用章

云南省国税印刷厂2017年12月印12890000份(12890000×1)#号码起讫

原始凭证 23-1

ICBC 中国工商银行　　　　　　　　　贴现凭证

申请日期 2019 年 12 月 13 日　　　直银 201912130001 第 0001 号

贴现汇票	种　类	银行承兑汇票	号码	10300052 24152930	持票人	名称	禄丰一平浪恒益煤业有限公司
	出票日	2019 年 11 月 30 日				账号	2516044419200069062
	到票日	2020 年 05 月 19 日				开户银行	中国工商银行股份有限公司禄丰支行

| 汇票承兑人 | 名称 | 楚雄德胜煤化工有限公司 | 账号 | 2430980104 0001777 | 开户银行 | 中国农业银行股份有限公司禄丰支行 |

| 汇票金额 | 人民币（大写） | 伍佰万元整 | | 千 百 十 万 千 百 十 元 角 分
¥ 5 0 0 0 0 0 0 0 0 |

| 贴现率 4.2000% | 贴现利息 | 千 百 十 万 千 百 十 元 角 分
¥ 9 3 3 3 3 3 | 实付贴现金额 | 千 百 十 万 千 百 十 元 角 分
¥ 4 9 0 6 6 6 6 7 |

附送承兑汇票申请贴现，请审核。

财务专用章
持票人签章　琼杨印美

银行审核

科目（借）　　　2516044411100005622

对方科目（贷）2516044419200069062
　　　　　　　2516044411200038770

负责人　　信贷员 钟云涛　　复核　　记账

第一联：记账联

原始凭证 23-2

ICBC 中国工商银行　　　　　　　　　贴现凭证

申请日期 2019 年 12 月 13 日　　　直银 201912130001 第 0001 号

贴现汇票	种　类	银行承兑汇票	号码	10300052 24152930	持票人	名称	禄丰一平浪恒益煤业有限公司
	出票日	2019 年 11 月 30 日				账号	2516044419200069062
	到票日	2020 年 05 月 19 日				开户银行	中国工商银行股份有限公司禄丰支行

| 汇票承兑人 | 名称 | 楚雄德胜煤化工有限公司 | 账号 | 2430980104 0001777 | 开户银行 | 中国农业银行股份有限公司禄丰支行 |

| 汇票金额 | 人民币（大写） | 伍佰万元整 | | 千 百 十 万 千 百 十 元 角 分
¥ 5 0 0 0 0 0 0 0 0 |

| 贴现率 4.2000% | 贴现利息 | 千 百 十 万 千 百 十 元 角 分
¥ 9 3 3 3 3 3 | 实付贴现金额 | 千 百 十 万 千 百 十 元 角 分
¥ 4 9 0 6 6 6 6 7 |

贴现款已入你单位账户

备注

2516044411100005622
2516044419200069062
2516044411200038770

银行签章
2019/12/13　　　　　钟云涛

第一联：回单联

原始凭证23-3

银行承兑汇票贴现协议

甲方(买入方):中国工商银行股份有限公司禄丰支行

乙方(卖出方):禄丰一平浪恒益煤业有限公司

甲乙双方根据《中华人民共和国票据法》和其他法律、法规的规定,本着平等、自愿、诚实信用的原则,经充分协商达成如下条款,以资共同遵照执行。

第一条 贴现金额及份数:

乙方提供银行承兑汇票(大写)壹份,(小写)1份,合计票面金额人民币(大写)**伍佰万元整**,(小写)**5,000,000.00元**,向甲方申请办理贴现。

经甲方审核,同意对上述银行承兑汇票(大写)壹份,(小写)1份,合计票面金额人民币(大写)伍佰万元整,(小写)5,000,000.00元,办理贴现。

第二条 甲乙双方商定:

贴现利率按放款日前1个工作日公布的3个月Shibor加0个基点(BP)执行(年利率 %或月利率 ‰;根据乙方提供汇票的承兑行、金额、剩余期限等具体情况,甲方可给予一定利率下浮优惠。具体利率以第九条"银行承兑汇票清单"所列利率为准:

实际划拨金额为(大写)**肆佰玖拾万陆仟陆佰陆拾陆元陆角柒分**(小写)**4,906,666.67元**。

第三条 甲乙双方的权利与义务:

1.甲方托收本协议项下的银行承兑汇票时,如遇承兑行拒绝付款,甲方将按《中华人民共和国票据法》和其他相关法律、法规及本协议第五条的规定向乙方追索。

2.甲方经审并同意办理贴现的票款与当日划付,并在合理期间内按双方选择的划款方式将款项汇入乙方指定的银行账户;乙方指定的银行账户为:**禄丰一平浪恒益煤业有限公司**;开户银行**中国工商银行股份有限公司禄丰支行**;账号**2516044419200069062**。

3.若甲方违反本条2款的规定,乙方有权要求甲方返还违约部分票据。

4.乙方保证本协议项下票据的取得符合票据法及相关法律的规定;银行承兑汇票及其提供的所有资料合法、真实、有效,因不符合上述事项引起的任何损失概由乙方负责。

5.乙方承诺:贴现资金只能用于正常的生产经营用途,不得流向出票人或直接前手账户,不得将贴现款项用于任何违反国家法律、法规的交易,如有特殊情况应及时向甲方提交书面说明。

略

第十条 银行承兑汇票清单

序号	汇票号码	汇票金额	贴现利率	出票日	到期日	承兑银行
1	1030005224152930	5000000.00	4.20%	20191130	20200519	中国农业银行股份有限公司禄丰支行

甲方:中国工商银行股份有限公司禄丰支行
(盖章)

授权代理人:
2019年12月13日

乙方:禄丰一平浪恒益煤业有限公司
(盖章)

法定代表人(负责人)
(或授权代理人)
2019年12月13日

原始凭证23-4

中国工商银行　网上银行电子回单

电子银行回单号码：0014-7135-0726-1100

付款人	户　名		收款人	户　名	禄丰一平浪恒益煤业有限公司
	账　号			账　号	2516044419200069062
	开户银行			开户银行	中国工商银行股份有限公司禄丰支行
	金额	人民币（大写）：肆佰玖拾万陆仟陆佰陆拾陆元陆角柒分　¥4,906,666.67元			
	摘要	201901130001	业务（产品）种类		
	用途				
	交易流水号	45137002	时间戳		2019-12-13-10.47.42.866383
	备注： person：null				
	验证码：zjKYi9EwXQEo9V7VYUtDW6jGFw=				
	记账网点	00444	记账柜员	00062	记账日期　2019年12月13日

原始凭证24-1

云南省农村商业银行来账凭证

机构代码：0503191983　　打印日期：2019年12月13日　　打印次数：1　　打印柜员：197511

来账日期：2019年12月13日　平台流水号：72979323	系统标识：大额系统
业务类型：普通汇兑	业务状态：已自动入账
付款人账号：53001895336051007036	
付款人名称：昆明风行防水材料有限公司	
付款开户行号：105731003004	云南禄丰农村商业银行股份有限公司
付款开户行名：中国建设银行股份有限公司云南省分行昆明市城西支行	一平浪支行
收款人账号：2900000069310012	2019.12.13
收款人名称：禄丰一平浪恒益煤业有限公司	业务清讫
收款开户行号：402739100015	（1）
收款开户行名：云南禄丰农村商业银行股份有限公司	
金额大写：壹拾万柒仟贰佰零贰元整	小写：¥107202.00
附言及用途：钱德雁报销禄丰一平浪煤炭费用	

事后监督：　　　　会计：　　　　复核：　　　　记账：

原始凭证25-1

中国工商银行　网上银行电子回单

电子银行回单号码:0018-1467-0200-1100

付款人	户　名	禄丰一平浪恒益煤业有限公司	收款人	户　名	
	账　号	2516044419200069062		账　号	
	开户银行	中国工商银行股份有限公司禄丰支行		开户银行	
	金额	¥120.00元	金额(大写)		人民币 壹佰贰拾元整
	摘要	10月网银手续费	业务(产品)种类		对公收费
	用途				
	交易流水号	00048000	时间戳		2019-12-13-16.57.12.236620
	备注: 产品名称:银行结算　费用名称:电子银行结算费　应收金额:120.00 实收金额:120.00 收费渠道:柜面　业务发生账号:2516044419200069062 验证码:37iT5PLSWef/iJfC10c7bXJVRrI=				
	记账网点	00444	记账柜员	01200	记账日期 2019年12月13日

原始凭证26-1

云南省农村商业银行付款凭证

机构代码:0503191983　　　　　　　　　　　　　　　日期:2019年12月13日

付　款　人:禄丰一平浪恒益煤业有限公司

付款账号:2900000069310012

付　款　行:云南禄丰农村商业银行股份有限公司一平浪支行

收　款　人:宣威市晋衡商贸有限公司

收款账号:953000010000117917

收　款　行:中国邮政储蓄银行股份有限公司宣威支行

大写金额:人民币肆拾万元整

小写金额:¥400000.00

汇款用途:货款

网银流水:2403626508　　　　　　　　　　　　　行内转汇号:0

汇兑标志:跨行转账　　　　　　　　　　　　　　受理渠道:网上银行

云南禄丰农村商业银行股份有限公司
一平浪支行
★ 2019.12.13 ★
业务清讫
(1)

原始凭26-2

云南省农村商业银行手续费凭证

机构代码:0503191983　　　　　　　　　　　　日期:2019年12月13日

户　　名:禄丰一平浪恒益煤业有限公司

账　　号:2900000069310012

收费项目:网银交易手续费

大写金额:人民币壹拾贰元整

小写金额:¥12.00

网银流水:2403626508

汇兑标志:跨行转账

云南禄丰农村商业银行股份有限公司
一平浪支行
2019.12.13
业务清讫
（1）

原始凭证27-1

云南增值税专用发票

5300162139

No 04953024　5300162139
04953024

开票日期:2019年12月13日

购买方	名　　称:禄丰一平浪恒益煤业有限公司	密码区	（略）
	纳税人识别号:915323317902822275C		
	地址、电话:禄丰县一平浪镇福台山 13987844570		
	开户行及账号:云南禄丰农村商业银行股份有限公司一平浪支行2900000069310012		

货物或应税劳务、服务名称	规格型号	单位	数量	单价	金额	税率	税额
工业用水		吨	32356	2.13592233	69109.90	3%	2073.30
合　计					¥69109.90		¥2073.30

价税合计(大写)　⊗柒万壹仟壹佰捌拾叁元贰角整　（小写)¥71183.20

销货单位	名　　称:禄丰一平浪供排水有限公司	备注	2019年11月水费
	纳税人识别号:915329312188868215		
	地址、电话:禄丰县一平浪镇福台山 0878-4523078		
	开户行及账号:中国农业银行股份有限公司禄丰支行2341980140004521		

收款人:王萌　　　复核:赵丽梅　　　开票人:何振　　　销货单位:(章)

第三联：发票联　购买方记账凭证

税总函[2017]117号中钞光华印制有限公司

原始凭证27-2

云南省农村商业银行付款凭证

机构代码:0503191983　　　　　　　　　　　　　　　　日期:2019年12月13日

付　款　人:禄丰一平浪恒益煤业有限公司	
付款账号:2900000069310012	
付　款　行:云南禄丰农村商业银行一平浪支行	
收　款　人:禄丰一平浪供排水有限公司	云南禄丰农村商业银行股份有限公司
收款账号:2341980140004521	一平浪支行
收　款　行:中国农业银行股份有限公司禄丰支行	★ 2019.12.13 ★
大写金额:人民币柒万壹仟壹佰捌拾叁元贰角整	业务清讫
小写金额:¥71183.20	(1)
汇款用途:水费	
网银流水:2403647535	行内转汇号:0
汇兑标志:跨行转账	受理渠道:网上银行

原始凭证27-3

云南省农村商业银行手续费凭证

机构代码:0503191983　　　　　　　　　　　　　　　　日期:2019年12月13日

户　　　名:禄丰一平浪恒益煤业有限公司	
账　　　号:2900000069310012	
收费项目:网银交易手续费	云南禄丰农村商业银行股份有限公司
	一平浪支行
	★ 2019.12.13 ★
大写金额:人民币肆元整	业务清讫
小写金额:¥4.00	(1)
网银流水:2403647535	
汇兑标志:跨行转账	

财务会计综合实训

原始凭证28-1

新疆增值税专用发票
国家税务总局

No 00705342 6300163130

6300163130

00705342

机器编号：499929070337

发 票 联

开票日期：2019年12月14日

购买方	名　　称：禄丰一平浪恒益煤业有限公司				密码区	（略）	
	纳税人识别号：91532331790282275C						
	地址、电话：禄丰县一平浪镇福台山 13987844570						
	开户行及账号：云南禄丰农村商业银行股份有限公司一平浪支行2900000069310012						

货物或应税劳务、服务名称	规格型号	单位	数量	单价	金额	税率	税额
原煤		吨	1647.22	256.637168	422737.88	13%	54955.92
合　计					¥422737.88		¥54955.92

价税合计（大写）	⊗肆拾柒万柒仟陆佰玖拾叁元捌角整　　（小写）¥477693.80

销货单位	名　　称：新疆天恒际通供应链有限公司	备注	
	纳税人识别号：91654004MA77C2FH1H		
	地址、电话：新疆伊犁州霍尔果斯市炎黄路16号 17767582268		
	开户行及账号：中国工商银行股份有限公司霍尔果斯支行3006031209200191768		

收款人：王文婷　　　　复核：赵钰　　　　开票人：吴军芳　　　　销货单位：（章）

第三联：发票联　购买方记账凭证

税总函[2017]311号西安印钞有限公司

原始凭证28-2

新疆增值税专用发票
国家税务总局

No 00705343 6300163130

6300163130

00705343

机器编号：499929070337

发 票 联

开票日期：2019年12月14日

购买方	名　　称：禄丰一平浪恒益煤业有限公司				密码区	（略）	
	纳税人识别号：91532331790282275C						
	地址、电话：禄丰县一平浪镇福台山 13987844570						
	开户行及账号：云南禄丰农村商业银行股份有限公司一平浪支行2900000069310012						

货物或应税劳务、服务名称	规格型号	单位	数量	单价	金额	税率	税额
运费		吨	823.61	633.0275229	521367.80	9%	46923.10
合　计					¥521367.80		¥46923.10

价税合计（大写）	⊗伍拾陆万捌仟贰佰玖拾元玖角整　　（小写）¥568290.90

销货单位	名　　称：新疆天恒际通供应链有限公司	备注	起止地：乌局望布站—青龙寺站
	纳税人识别号：91654004MA77C2FH1H		货物名称：原煤
	地址、电话：新疆伊犁州霍尔果斯市炎黄路16号 17767582268		托运日期：2019年11月24日
	开户行及账号：中国工商银行股份有限公司霍尔果斯支行 3006031209200191768		车种车号：NX70A-549899630组

收款人：王文婷　　　　复核：赵钰　　　　开票人：吴军芳　　　　销货单位：（章）

第三联：发票联　购买方记账凭证

税总函[2017]311号西安印钞有限公司

原始凭证28-3

新疆增值税专用发票
国家税务总局
发票联

No 00705344 6300163130

6300163130
00705344

机器编号:499929070337

开票日期:2019年12月14日

购买方	名　称:禄丰一平浪恒益煤业有限公司 纳税人识别号:91532331790282275C 地址、电话:禄丰县一平浪镇福台山 13987844570 开户行及账号:云南禄丰农村商业银行股份有限公司一平浪支行2900000069310012						密码区	(略)	
货物或应税劳务、服务名称	规格型号	单位	数量	单价	金额	税率	税额		
运费		吨	823.61	633.0275229	521367.80	9%	46923.10		
合　计					¥521367.80		¥46923.10		
价税合计(大写)	⊗伍拾陆万捌仟贰佰玖拾元玖角整					(小写)¥568290.90			
销货单位	名　称:新疆天恒际通供应链有限公司 纳税人识别号:91654004MA77C2FH1H 地址、电话:新疆伊犁州霍尔果斯市炎黄路16号 17767582268 开户行及账号:中国工商银行股份有限公司霍尔果斯支行 3006031209200191768				备注	起止地:乌局望布站—青龙寺站 货物名称:原煤 托运日期:2019年11月24日 车种车号:NX70A-549899631纪			

收款人:王文婷　　复核:赵钰　　开票人:吴军芳　　销货单位:(章)

第三联:发票联　购买方记账凭证

原始凭证28-4

采购入库单

仓库:原材料仓库

供货单位:新疆天恒际通供应链有限公司

2019年12月14日

材料编码	材料名称	材料类别	计量单位	采购数量	验收数量	单价	金额
1001	原煤	原料及主要材料	吨	1647.22	1647.22		

收料人:梅明　　　　保管:李起文　　　　制单:付林勇

第二联:记账

原始凭证29-1

云南增值税专用发票

No 03515191 5300171130

5300171130

03515191

此联不作报销、抵扣税凭证使用

开票日期：2019年12月14日

购买方	名　称：云南冶金新立钛业有限公司					密码区	（略）
	纳税人识别号：91530000713410966K						
	地址、电话：云南省昆明市西山区春雨路913号 0878-68194294						
	开户行及账号：中国工商银行股份有限公司昆明西市区支行2502016009022107043						

货物或应税劳务、服务名称	规格型号	单位	数量	单价	金额	税率	税额
烟煤		吨	1133.8	713.9459754	809471.95	13%	105231.35
合　计					¥809471.95		¥105231.35

价税合计（大写）	⊗玖拾壹万肆仟柒佰零叁元叁角整　　（小写）¥914703.30

销货单位	名　称：禄丰一平浪恒益煤业有限公司	备注
	纳税人识别号：91532331790282275C	
	地址、电话：禄丰县一平浪镇福台山 13987844570	
	开户行及账号：云南禄丰农村商业银行股份有限公司一平浪支行2900000069310012	

收款人：杨美琼　　　复核：段金堂　　　开票人：杨美琼　　　销货单位：（章）

原始凭证30-1

云南增值税专用发票

No 03515192 5300171130

5300171130

03515192

此联不作报销、抵扣税凭证使用

开票日期：2019年12月14日

购买方	名　称：云南天聚化工有限公司					密码区	（略）
	纳税人识别号：91530381797206785Q						
	地址、电话：云南省昆明市西山区前承街道办事处润城F栋4层 0871-63121366						
	开户行及账号：交通银行股份有限公司昆明安宁支行5510783010018010006745						

货物或应税劳务、服务名称	规格型号	单位	数量	单价	金额	税率	税额
中煤		吨	1087.83	755.7904309	822171.50	13%	106882.30
合　计					¥822171.50		¥106882.30

价税合计（大写）	⊗玖拾贰万玖仟零伍拾叁元捌角整　　（小写）¥929053.80

销货单位	名　称：禄丰一平浪恒益煤业有限公司	备注
	纳税人识别号：91532331790282275C	
	地址、电话：禄丰县一平浪镇福台山 13987844570	
	开户行及账号：云南禄丰农村商业银行股份有限公司一平浪支行2900000069310012	

收款人：杨美琼　　　复核：段金堂　　　开票人：杨美琼　　　销货单位：（章）

原始凭证31-1

云南增值税专用发票　　No 03555611 5300161430

5300161430　　　　　　　　　　　　　　　　　03555611

发 票 联　　　　　　　　开票日期：2019年12月19日

购买方	名　　　称：禄丰一平浪恒益煤业有限公司							密码区	（略）	
	纳税人识别号：91532331790282275C									
	地址、电话：禄丰县一平浪镇福台山 13987844570									
	开户行及账号：云南禄丰农村商业银行股份有限公司一平浪支行2900000069310012									

货物或应税劳务、服务名称	规格型号	单位	数量	单价	金额	税率	税额
电费		千度	16.065	1291.246567	20743.88	13%	2696.70
合　计					¥20743.88		¥2696.70

价税合计（大写）　⊗贰万叁仟肆佰肆拾元伍角捌分　　（小写）¥23440.58

销货单位	名　　　称：禄丰供电有限公司	备注
	纳税人识别号：91532312176408346	
	地址、电话：禄丰县金山镇金山南路0878-4122808	
	开户行及账号：中国工商银行股份有限公司禄丰支行2516044409200003182	

收款人：肖琼　　　　复核：姚桂富　　　　开票人：李杰梅　　　　销货单位：（章）

第三联：发票联　购买方记账凭证

税总函[2017]117号中钞光华印制有限公司

原始凭证31-2

云南省非税收入收款收据（单位执收）

执收单位编码：　　　　　　　　　　　　　　No 0065870548

代收单位名称：禄丰供电有限公司

执收单位名称：禄丰县地方税务局　开票日期：2019年12月19日 11：00：13　区号（级次）：省级

收款人名称	禄丰一平浪恒益煤业有限公司				
项目编码	收入项目名称	计量单位	数量	标准	金额
1030158 103015843	国家重大水利工程建设基金收入 省级重大水利工程建设资金	kw·h	16065	0.02	321.30
合计人民币（大写）：叁佰贰拾壹元叁角整				¥321.30元	
备注：基金所属日期为：20191101—20191201，票据号码：0065870548（如与右上角印刷号码不一致，票据无效！）					

复核：　　　　　经办：胡娅玲　　　　开票人：胡娅玲

第二联：收据

原始凭证 31-3

云南省农村商业银行付款凭证

机构代码:0503191983

日期:2019 年 12 月 19 日

付 款 人:禄丰一平浪恒益煤业有限公司	
付款账号:2900000069310012	
付 款 行:云南禄丰农村商业银行股份有限公司一平浪支行	
收 款 人:禄丰供电有限公司	云南禄丰农村商业银行股份有限公司
收款账号:2516044409200003182	★ 一平浪支行 ★
收 款 行:中国工商银行股份有限公司禄丰支行	2019.12.19
大写金额:人民币贰万叁仟柒佰陆拾壹元捌角捌分	业务清讫
小写金额:¥23761.88	(1)
汇款用途:电费	
网银流水:2418997194	行内转汇号:0
汇兑标志:跨行转账	受理渠道:网上银行

原始凭证 32-1

费用报销清单

使用单位:禄丰一平浪恒益煤业有限公司

报销日期:2019 年 12 月 19 日

用途	报销数		财务科审核意见
	单据张数	金额	
支付机动车交强险	1	960	同意
	现 金 付 讫		
			曹华
金额合计(大写)玖佰陆拾元整	¥960.00		
付讫记录:现金:√	银行:	转账:	

单位负责人:杨美琼

经报人:杨勇

原始凭证32-2

云南增值税专用发票 No 0231016 5300164130

5300164130 02321016

机器编号：499099370663 发票联 开票日期：2019年12月19日

货物或应税劳务、服务名称	规格型号	单位	数量	单价	金额	税率	税额
机动车交通事故责任强制保险			1	905.66	905.66	6%	54.34
合　计					¥905.66		¥54.34

购买方：
名称：禄丰一平浪恒益煤业有限公司
纳税人识别号：91532331790282275C
地址、电话：禄丰县一平浪镇福台山 13987844570
开户行及账号：云南禄丰农村商业银行股份有限公司一平浪支行2900000069310012

价税合计（大写）⊗玖佰陆拾元整　（小写）¥960.00

销货单位：
名称：中国人寿财产保险股份有限公司楚雄州中心支公司
纳税人识别号：91532300555135566Y
地址、电话：楚雄州彝人古镇南街C52幢 08783113861
开户行及账号：中国工商银行股份有限公司楚雄分行鹿城支行2516032009200042251

收款人：王文婷　复核：赵钰　开票人：吴军芳　销货单位：（章）

第三联：发票联　购买方记账凭证

税总函[2018]117号中钞光华印制有限公司

原始凭证33-1

中国农业银行 AGRICULTURAL BANK OF CHINA　中国农业银行云南分行电子缴税付款凭证

转账日期：20191219
纳税人全称及纳税人识别号：禄丰一平浪恒益煤业有限公司 91532331790282275C
付款人账号：24302901040001731　付款人开户银行：243029
付款人名称：禄丰一平浪恒益煤业有限公司
征收机关代码：25323310000　征收机关名称：国家税务总局禄丰县税务局
收款国库（银行）名称：国家金库禄丰县支库
小写（合计）金额：47,988.36　缴款书交易流水号：53814564
大写（合计）金额：肆万柒仟玖佰捌拾捌元叁角陆分　税票号码：3270045087544532l120

税（费）种名称	所属时期	实缴金额
养老保险	20191101—20191130	32222.40
医疗保险	20191101—20191130	12428.64
失业保险	20191101—20191130	2761.92
工伤保险	20191101—20191130	575.40

第01次打印　打印时间：2019年12月19日15时08分

第二联：客户回单　复核：　记账：

原始凭证 34-1

云南增值税专用发票

No 00193861 5300162130

5300162130

00193861

发票联

开票日期：2019年12月19日

购买方	名　称：禄丰一平浪恒益煤业有限公司	密码区	（略）
	纳税人识别号：91532331790282275C		
	地址、电话：禄丰县一平浪镇福台山 13987844570		
	开户行及账号：云南禄丰农村商业银行股份有限公司一平浪支行2900000069310012		

货物或应税劳务、服务名称	规格型号	单位	数量	单价	金额	税率	税额
介质粉		吨	33.96	575.2212389	19534.51	13%	2539.49
合　计					¥19534.51		¥2539.49

价税合计（大写）	⊗贰万贰仟零柒拾肆元整	（小写）¥22074.00

销货单位	名　称：安宁程宇矿业有限公司	备注
	纳税人识别号：91530181688573965Q	
	地址、电话：昆明安宁市草铺镇平地哨村 13577218607	
	开户行及账号：中国农业银行股份有限公司安宁支行24023101040024670	

收款人：明冬梅　　复核：陈思维　　开票人：袁子玲　　销货单位：(章)

原始凭证 34-2

云南增值税专用发票

No 00193862 5300162130

5300162130

00193862

发票联

开票日期：2019年12月19日

购买方	名　称：禄丰一平浪恒益煤业有限公司	密码区	（略）
	纳税人识别号：91532331790282275C		
	地址、电话：禄丰县一平浪镇福台山 13987844570		
	开户行及账号：云南禄丰农村商业银行股份有限公司一平浪支行2900000069310012		

货物或应税劳务、服务名称	规格型号	单位	数量	单价	金额	税率	税额
介质粉		吨	66.74	575.2212389	38390.27	13%	4990.73
合　计					¥38390.27		¥4990.73

价税合计（大写）	⊗肆万叁仟叁佰捌拾壹元整	（小写）¥43381.00

销货单位	名　称：安宁程宇矿业有限公司	备注
	纳税人识别号：91530181688573965Q	
	地址、电话：昆明安宁市草铺镇平地哨村 13577218607	
	开户行及账号：中国农业银行股份有限公司安宁支行24023101040024670	

收款人：明冬梅　　复核：陈思维　　开票人：袁子玲　　销货单位：(章)

原始凭证34-3

采购入库单

仓库:原材料仓库

供货单位:昆明程宇矿业有限公司 2019年12月19日

材料编码	材料名称	材料类别	计量单位	采购数量	验收数量	单价	金额	
2002	介质粉	辅助材料	吨	66.74	66.74	575.22	38390.27	第二联:记账

收料人:梅明　　　　保管:李起文　　　　制单:付林勇

原始凭证34-4

程宇(实业)发货清单

No 007323

购货单位:禄丰一平浪恒益煤业有限公司

销货单位: 2019年12月19日

品名	规格	单位	数量	车牌号	皮重	毛重	净重	备注	
介质粉		吨		云E25102	19.92	54.60	34.68		第二联:结算
介质粉		吨		云G59556	23.00	55.06	32.06		
				安宁程宇矿业公司 过 磅 单					

会计:　　　记账:　　　仓库:　　　经办人:陈飞　　　提货人:黄治国

原始凭证34-5

禄丰一平浪恒益煤业有限公司2019年12月份开票(提货)清单

货称名称:介质粉 2019年12月19日

日期	我方数(吨)	结算数(吨)	单价(元/吨)	金额	车牌号	备注
2019.11.24	33.96	33.96	650		云E25102	
2019.12.19	34.68	34.68	650		云E25102	
2019.12.19	32.06	32.06	650		云G59556	
合计	100.70	100.70				总计:65455.00元

安宁程宇矿业有限公司财务专用章

发货单位:安宁程宇矿业有限公司

原始凭证34-6

云南省农村商业银行付款凭证

机构代码:0503191983   日期:2019年12月19日

付　款　人:禄丰一平浪恒益煤业有限公司

付　款账号:2900000069310012

付　款　行:云南禄丰农村商业银行股份有限公司一平浪支行

收　款　人:安宁程宇矿业有限公司

收款账号:24023101040024670

收　款　行:中国农业银行股份有限公司安宁支行

大写金额:人民币陆万伍仟肆佰伍拾伍元整

小写金额:¥65455.00

汇款用途:货款

网银流水:2374956648

汇兑标志:跨行转账

行内转汇号:0

受理渠道:网上银行

原始凭34-7

云南省农村商业银行手续费凭证

机构代码:0503191983   日期:2019年12月19日

户　　　名:禄丰一平浪恒益煤业有限公司

账　　　号:2900000069310012

收费项目:网银交易手续费

大写金额:人民币壹拾贰元整

小写金额:¥12.00

网银流水:2374956648

汇兑标志:跨行转账

原始凭证35-1

一般贷款批量结息收息回单

机构名称:云南禄丰农村商业银行股份有限公司一平浪支行   回收日期:2019-12-20

借款人户名	禄丰一平浪恒益煤业有限公司						
借款人证件号码	79028227-5						
付款人户名	禄丰一平浪恒益煤业有限公司						
借款人账号	198300006639015			付款人账号	2900000069130012		
借款日 2018年12月19日	到期日 2019年12月19日			合同号 91983160719530000055			
计息金额	起息日	止息日	年利率	应收利息	本次实收利息		申收利息
6,000,000.00	20191120	20191220	10.44%	52,200.00	52,200.00		52,200.00
本次实收利息合计(人民币):	伍万贰仟贰佰元整				小写¥52,200.00		

截至〔2019-12-20〕累计欠息:0.00

经办:198113 尹美凤   第1次打印

原始凭证36-1

费用报销清单

使用单位:禄丰一平浪恒益煤业有限公司　　　　　　　　　报销日期:2019 年 12 月 20 日

用途	报销数		财务科审核意见
	单据张数	金额	
支付员工食堂用米、面、油	1	4170	作为职工福利,同意报销。
	银行付讫		曹华
金额合计(大写)肆仟壹佰柒拾元整　　　¥4170.00			
付讫记录:现金　　　银行:√　　　转账:			

单位负责人:杨美琼　　　　　　　　　　　　　　　经报人:杨美琼

原始凭证36-2

云南省通用机打发票
发票联

发票代码:153001614040

发票号码:03828833

开票日期:2019 年 12 月 20 日　　　　　　　　　　　行业分类:其他综合零售

付款方名称:禄丰一平浪恒益煤业有限公司				付款方识别号:91532331790282275C	
货物或劳务名称	规格	单位	单价	数量	金额
大米		袋	150	11	1650.00
香油		件	200	6	1200.00
面条		件	165	8	1320.00

合计人民币(大写):肆仟壹佰柒拾元整　　　合计:4170.00

备注:

发票代码:153001614040　发票号码:03828833(如与右上角印刷码不一致,发票无效!)B

收款方名称(签章):禄丰县一平浪镇干海资888商店

收款方识别号:5323311970009160333　　　开票人:姜国光

第一联 发票联(购货单位付款凭证)(手开无效)

财务会计综合实训

原始凭证36-3

农村商业银行
转账支票存根
40205320
04497326

附加信息 _____

_____

_____

出票日期 2019 年 12 月 20 日

收款人：
禄丰一平浪镇干海资888商店

金额：4170.00

用途：支付职工食堂费用

单位主管 曹华 　　会计

原始凭证37-1

云南增值税专用发票　　No 03515193 5300171130

5300171130

此联不作报销、抵扣凭证使用　　开票日期：2019 年 12 月 20 日

03515193

购买方	名　称：武定县华翔经贸有限公司球团矿厂							密码区	（略）
	纳税人识别号：91532329054661509B								
	地址、电话：武定县工业园区大坪子冶金片区中山梁子 0878-8728728								
	开户行及账号：中国农业银行股份有限公司武定支行狮子山分理处 253012 01040003097								

货物或应税劳务、服务名称	规格型号	单位	数量	单价	金额	税率	税额
烟煤		吨	131.28	1061.946876	139412.39	13%	18123.61
烟煤		吨	410.86	1123.89381	461763.01	13%	60029.19
合　计					¥601175.40		¥78152.80

价税合计（大写）	⊗陆拾柒万玖仟叁佰贰拾捌元贰角整	（小写）¥679328.20

销货单位	名　称：禄丰一平浪恒益煤业有限公司	备注
	纳税人识别号：91532331790282275C	
	地址、电话：禄丰县一平浪镇福台山 13987844570	
	开户行及账号：云南禄丰农村商业银行股份有限公司一平浪支行 2900000069310012	

收款人：杨美琼　　复核：段金堂　　开票人：杨美琼　　销货单位：（章）

第一联：记账联　销货方记账凭证

税总函[2017]117号中钞光华印制有限公司

云南证券印务有限公司.2014年印制

60

原始凭证38-1

云南增值税专用发票

No 02421337 5300114730

5300114730

02421337

发票联

开票日期：2019年12月21日

税总函〔2017〕117号中钞光华印制有限公司

购买方	名 称：禄丰一平浪恒益煤业有限公司 纳税人识别号：91532331790282275C 地 址、电话：禄丰县一平浪镇福台山 13987844570 开户行及账号：云南禄丰农村商业银行股份有限公司一平浪支行 2900000069310012					密码区	(略)	
货物或应税劳务、服务名称	规格型号	单位	数量	单价	金额	税率	税额	
运费		吨	1087.83	49.92685126	54311.93	9%	4888.07	
合 计					¥54311.93		¥4888.07	
价税合计(大写)	⊗伍万玖仟贰佰元整			(小写)¥59200.00				

销货单位	名 称：昆明中货通物流有限公司 纳税人识别号：91530181MA6K3RD92F 地 址、电话：云南昆明安宁市青龙街道办事处罗鸣村 0871-86205005 开户行及账号：云南安宁农村商业银行股份有限公司青龙分行 0600060399618012	备注	起止地：一平浪镇福台山—昆明西山区 货物名称：中煤 起运日期：2019年12月14日

收款人：钱玲　　　复核：杨金花　　　开票人：周凤　　　销货单位：(章)

第三联：发票联 购买方记账凭证

原始凭证38-2

云南增值税专用发票

No 02421338 5300114730

5300114730

02421338

发票联

开票日期：2019年12月21日

购买方	名 称：禄丰一平浪恒益煤业有限公司 纳税人识别号：91532331790282275C 地 址、电话：禄丰县一平浪镇福台山 13987844570 开户行及账号：云南禄丰农村商业银行股份有限公司一平浪支行 2900000069310012					密码区	(略)	
货物或应税劳务、服务名称	规格型号	单位	数量	单价	金额	税率	税额	
运费		吨	1133.8	49.1972275	55779.82	9%	5020.18	
合 计					¥55779.82		¥5020.18	
价税合计(大写)	⊗陆万零捌佰元整			(小写)¥60800.00				

销货单位	名 称：昆明中货通物流有限公司 纳税人识别号：91530181MA6K3RD92F 地 址、电话：云南昆明安宁市青龙街道办事处罗鸣村 0871-86205005 开户行及账号：云南安宁农村商业银行股份有限公司青龙分行 0600060399618012	备注	起止地：一平浪镇福台山—昆明西山区 货物名称：烟煤 起运日期：2019年12月14日

收款人：钱玲　　　复核：杨金花　　　开票人：周凤　　　销货单位：(章)

原始凭证38-3

云南省农村商业银行付款凭证

机构代码:0503191983   日期:2019年12月21日

付 款 人：禄丰一平浪恒益煤业有限公司	
付款账号：2900000069310012	
付 款 行：云南禄丰农村商业银行股份有限公司一平浪支行	
收 款 人：昆明中货通物流有限公司	云南禄丰农村商业银行股份有限公司
收款账号：0600060399618012	一平浪支行
收 款 行：云南安宁农村商业银行股份有限公司青龙分行	★ 2019.12.21 ★
大写金额：人民币捌拾万元整	业务清讫
小写金额：¥800000.00	（1）
汇款用途：销售运费	
网银流水：2398734728	行内转汇号：0
汇兑标志：跨行转账	受理渠道：网上银行

原始凭证38-4

云南省农村商业银行手续费凭证

机构代码:0503191983   日期:2019年12月21日

户 　 名：禄丰一平浪恒益煤业有限公司	
账 　 号：2900000069310012	
收费项目：网银交易手续费	云南禄丰农村商业银行股份有限公司
	一平浪支行
	★ 2019.12.21 ★
大写金额：人民币壹拾陆元整	业务清讫
小写金额：¥16.00	（1）
网银流水：2398734728	
汇兑标志：跨行转账	

原始凭证39-1

费用报销清单

使用单位:禄丰一平浪恒益煤业有限公司　　　　　　　　　　报销日期:2019 年 12 月 22 日

用途	报销数		财务科审核意见
	单据张数	金额	
支付防伪税控系统维护费	1	660	同意报销
	现金付讫		
			曹华

金额合计(大写)陆佰陆拾元整	¥660.00

付讫记录:现金√	银行:	转账:

单位负责人:杨美琼　　　　　　　　　　　　　　　　　经报人:杨美琼

原始凭证39-2

云南增值税普通发票　　No 39412506 5300162130

5300162130　　　　　　　　　　　　　　　　39412506

校验码 61487 28383 35775 96112　　发票联　　开票日期:2019 年 12 月 22 日

税总函〔2017〕28号东港股份有限公司

购买方	名　　称:禄丰一平浪恒益煤业有限公司	密码区	(略)
	纳税人识别号:91532331790282275C		
	地址、电话:禄丰县一平浪镇福台山 13987844570		
	开户行及账号:云南禄丰农村商业银行股份有限公司一平浪支行2900000069310012		

货物或应税劳务、服务名称	规格型号	单位	数量	单价	金额	税率	税额
防伪税控开票系统技术维护费		年	1	622.6415094	622.64	6%	37.36
合　计					¥622.64		¥37.36

价税合计(大写)	⊗陆佰陆拾元整　　　(小写)¥660.00

销货单位	名　　称:楚雄泰克计算机系统有限公司	
	纳税人识别号:91532300MA6K6MEB8W	楚雄泰克计算机系统有限公司
	地址、电话:云南省楚雄市开发区云开路15号 0878-3396087	2019年维护费
	开户行及账号:交通银行股份有限公司楚雄开发区支行5528999910100042131	91532300MA6K6MEB8W 发票专用章

收款人:李文明　　复核:彭丽萍　　开票人:李文明　　销货单位:(章)

第三联:发票联　购买方记账凭证

财务会计综合实训

原始凭证40-1

云南增值税专用发票

No 03713487 5300121750
03713487

开票日期：2019年12月22日

购买方	名 称：禄丰一平浪恒益煤业有限公司							密码区	（略）
	纳税人识别号：91532331790282275C								
	地 址、电话：禄丰县一平浪镇福台山 13987844570								
	开户行及账号：云南禄丰农村商业银行股份有限公司一平浪支行2900000069310012								

货物或应税劳务、服务名称	规格型号	单位	数量	单价	金额	税率	税额
装载机	LW500KV	台	1	332743.3628	332743.36	13%	43256.64
合　计					¥332743.36		¥43256.64

价税合计(大写)	⊗叁拾柒万陆仟元整	（小写）¥376000.00

销货单位	名 称：云南志云工程机械有限公司
	纳税人识别号：91530100792869360G
	地 址、电话：云南昆明高速公路明波大渔村南侧汽配中心D栋101号
	0871-81780666
	开户行及账号：广发银行股份有限公司昆明分行营业部1320015160100041029

备注
云南志云工程机械有限公司
915301007928693600
发票专用章

收款人：肖琼　　　复核：姚桂富　　　开票人：李杰梅　　　销货单位：(章)

原始凭证40-2

固定资产验收单

2019年12月22日

编号	名称	规格型号	单位	数量	来源	资产状态	入账时间
3006	装载机	LW500KV	台	1	外购	全新	2019年12月22日

设备价格	设备安装费	附加费	其他				
332743.36							

入账价值	预计使用年限	已使用年限	已提折旧	残值率	资产管理部门	资产使用部门
332743.36	10年			5%	配料车间	配料车间

原始凭证41-1

云南增值税专用发票 No 03515194 5300171130

5300171130

此联不作报销、扣税凭证使用

03515194

开票日期:2019年12月22日

购买方	名　称:云南燃二化工有限公司禄丰玻璃厂 纳税人识别号:915323007098235497 地址、电话:云南省楚雄市紫溪镇0878-3876081 开户行及账号:中国工商银行股份有限公司楚雄府后街支行2516027009024534947						密码区	(略)
货物或应税劳务、服务名称	规格型号	单位	数量	单价	金额	税率	税额
烟煤		吨	1800	1330.380757	2394685.36	13%	311309.10
合　计					¥2394685.36		¥311309.10
价税合计(大写)	⊗贰佰柒拾万伍仟玖佰玖拾肆元肆角陆分			(小写)¥2705994.46			
销货单位	名　称:禄丰一平浪恒益煤业有限公司 纳税人识别号:91532331790282275C 地址、电话:禄丰县一平浪镇福台山 13987844570 开户行及账号:云南禄丰农村商业银行股份有限公司一平浪支行2900000069310012						备注	

收款人:杨美琼　　复核:段金堂　　开票人:杨美琼　　销货单位:(章)

第一联:记账联 销货方记账凭证

税总函[2017]117号中钞光华印制有限公司

原始凭证42-1

云南省农村商业银行　　网上银行业务交易单

币种:人民币　　日期:2019年12月23日　　交易指令序号:46995749

付款人	付款方户名		收款人	收款人户名	禄丰一平浪恒益煤业有限公司
	付款方账号			收款人账号	2900000069310012
	付款行			收款行	云南禄丰农村商业银行股份有限公司一平浪支行
大写金额	贰万壹仟肆佰捌拾玖元陆角整		小写金额	¥21,489.60	
摘要	投资分红:按投资金额比例的10%分红				
交易名称	文件分红配股处理				

经办机构:0503011953　　　　　　操作员:195420

云南禄丰农村商业银行股份有限公司
一平浪支行
★ 2019.12.23 ★
业务清讫
(2)

原始凭证43-1

云南增值税专用发票

5300171130

No 03515195 5300171130
03515195

此联不作报销、扣税凭证使用

开票日期：2019年12月23日

购买方	名　称：禄丰一平浪洗煤厂 纳税人识别号：9153233121763971BX 地址、电话：禄丰县一平浪镇0878-6129679 开户行及账号：云南禄丰农村商业银行股份有限公司干海资支行100081311535102				密码区	（略）		
货物或应税劳务、服务名称	规格型号	单位	数量	单价	金额	税率	税额
机器设备租赁费		月	1	5000.00	5000.00	13%	650.00
合　计					¥5000.00		¥650.00
价税合计（大写）	⊗伍仟陆佰伍拾元整				（小写）¥5650.00			
销货单位	名　称：禄丰一平浪恒益煤业有限公司 纳税人识别号：9153233 1790282275C 地址、电话：禄丰县一平浪镇福台山 13987844570 开户行及账号：云南禄丰农村商业银行股份有限公司一平浪支行290000006931 0012				备注			

收款人：杨美琼　　　复核：段金堂　　　开票人：杨美琼　　　销货单位：（章）

原始凭证43-2

云南省农村商业银行来账凭证

机构代码：0503191983　　打印日期：2019年12月23日　　打印次数：1　　打印柜员：197511

来　账　日　期：2019年12月23日　　平台流水号：50637619	系统标识：大额系统
业　务　类　型：普通汇兑	业务状态：已自动入账
付款人账号：100081311535102	
付款人名称：禄丰一平浪洗煤厂	
付款开户行号：147009579	云南禄丰农村商业银行股份有限公司
付款开户行名：云南禄丰农村商业银行股份有限公司干海资支行	★ 一平浪支行 ★
收款人账号：2900000069310012	2019.12.23
收款人名称：禄丰一平浪恒益煤业有限公司	业务清讫
收款开户行号：402739100015	（1）
收款开户行名：云南禄丰农村商业银行股份有限公司一平浪支行	
金　额　大　写：伍仟陆佰伍拾元整	小写：5650.00
附言及用途：设备租赁费	

事后监督：　　　　会计：　　　　复核：　　　　记账：

原始凭证44-1

云南增值税专用发票

No 04896630 5300172430

5300172430

04896630

开票日期:2019年12月24日

<table>
<tr><td rowspan="4">购买方</td><td>名　　称:禄丰一平浪恒益煤业有限公司</td><td rowspan="4">密码区</td><td rowspan="4">(略)</td></tr>
<tr><td>纳税人识别号:91532331790282275C</td></tr>
<tr><td>地　址、电话:禄丰县一平浪镇福台山 13987844570</td></tr>
<tr><td>开户行及账号:云南禄丰农村商业银行股份有限公司一平浪支行2900000069310012</td></tr>
</table>

<table>
<tr><td>货物或应税劳务、服务名称</td><td>规格型号</td><td>单位</td><td>数量</td><td>单价</td><td>金额</td><td>税率</td><td>税额</td></tr>
<tr><td>铜芯电缆线</td><td></td><td></td><td>1</td><td>5035.39823</td><td>5035.40</td><td>13%</td><td>654.60</td></tr>
<tr><td>铁道工字钢</td><td></td><td>吨</td><td>6.15</td><td>1510.900065</td><td>9292.04</td><td>13%</td><td>1207.96</td></tr>
<tr><td></td><td></td><td></td><td></td><td></td><td></td><td></td><td></td></tr>
<tr><td>合　　计</td><td></td><td></td><td></td><td></td><td>¥14327.44</td><td></td><td>¥1862.56</td></tr>
</table>

价税合计(大写)　⊗壹万陆仟壹佰玖拾元整　　　　(小写)¥16190.00

<table>
<tr><td rowspan="4">销货单位</td><td>名　　称:一平浪顺达实业公司</td><td rowspan="4">备注</td></tr>
<tr><td>纳税人识别号:915323312176419330</td></tr>
<tr><td>地　址、电话:禄丰县一平浪干海资 0878-4829432</td></tr>
<tr><td>开户行及账号:中国农业银行股份有限公司一平浪营业所2516044409200003182</td></tr>
</table>

收款人:李云凤　　　　复核:刘权珍　　　　开票人:管同权　　　　销货单位:(章)

税总函〔2017〕117号中钞光华印制有限公司

第三联:发票联　购买方记账凭证

原始凭证44-2

云南省农村商业银行付款凭证

机构代码:0503191983

日期:2019年12月24日

付　款　人:禄丰一平浪恒益煤业有限公司

付款账号:2900000069310012

付　款　行:云南禄丰农村商业银行股份有限公司一平浪支行

收　款　人:一平浪顺达实业公司

收款账号:2516044409200003182

收　款　行:中国农业银行股份有限公司一平浪营业所

大写金额:人民币壹万陆仟壹佰玖拾元整

小写金额:¥16190.00

汇款用途:货款

网银流水:2378394728

汇兑标志:跨行转账

云南禄丰农村商业银行股份有限公司
一平浪支行
★ 2019.12.24 ★
业务清讫
(1)

行内转汇号:0

受理渠道:网上银行

原始凭44-3

云南省农村商业银行手续费凭证

机构代码:0503191983　　　　　　　　　　　　　　日期:2019年12月24日

户　　　名:禄丰一平浪恒益煤业有限公司

账　　　号:2900000069310012

收费项目:网银交易手续费

云南禄丰农村商业银行股份有限公司
一平浪支行
★ 2019.12.24 ★
业务清讫
（1）

大写金额:人民币肆元整

小写金额:¥4.00

网银流水:2398734728

汇兑标志:跨行转账

原始凭证44-4

采购入库单

仓库:原材料仓库

供货单位:一平浪顺达实业公司　　　　　　　　　　　2019年12月24日

材料编码	材料名称	材料类别	计量单位	采购数量	验收数量	单价	金额
4004	铁道工字钢	零星材料	吨	6.15	6.15	1510.90	9292.04

第二联：记账

收料人:梅明　　　　　　　保管:李起文　　　　　　　制单:付林勇

原始凭证44-5

固定资产验收单

2019年12月24日

编号	名称	规格型号	单位	数量	来源	资产状态	入账时间
4001	铜芯电缆线			1	外购	全新	2019年12月24日
设备价格	设备安装费	附加费	其他				
5 035.40							
入账价值	预计使用年限	已使用年限	已提折旧	残值率	资产管理部门	资产使用部门	
5 035.40	5年			3%	水电车间	水电车间	

原始凭证45-1

费用报销清单

使用单位:禄丰一平浪恒益煤业有限公司　　　　　　　　报销日期:2019年12月24日

用途	报销数		财务科审核意见
	单据张数	金额	
支付生产用零星材料	1	7000	同意报销
	银 行 付 讫		曹华
金额合计(大写)柒仟元整　　　¥7000.00			
付讫记录:　　　现金:　　　银行:√　　　转账:			

单位负责人:杨美琼　　　　　　　　　　　　　　经报人:杨美琼

原始凭证45-2

云南省通用机打发票
发 票 联

发票代码:153001614040

发票号码:01604080

开票日期:2019年12月24日　　　　　　　　行业分类:其他未列明零售

付款方名称:　禄丰一平浪恒益煤业有限公司			付款方识别号:		
货物或劳务名称	规格	单位	单价	数量	金额
液压油		桶	350.00	20	7000.00

合计人民币(大写):柒仟元整　　　　　合计:7000.00

备注:

发票代码:153001614040　　发票号码:01604080(如与右上角印刷码不一致,发票无效!)B

收款方名称(签章):禄丰县一平浪镇富达润滑油店

收款方识别号:5323311196902103046　　　开票人:李琼

第一联:发票联(购货单位付款凭证)(手开无效)

原始凭证45-3

农村商业银行
转账支票存根
40205320

04497326

附加信息 _____

_____

_____

出票日期 2019 年 12 月 24 日

收款人：

禄丰县一平浪镇富达润滑油店

金额：7000.00

用途：支付购买液压油款

单位主管　曹华　　　会计

云南证券印务有限公司.2014年印制

原始凭证45-4

采购入库单

仓库：原材料仓库

供货单位：一平浪镇富达润滑油店　　　　　　　　　　　2019 年 12 月 24 日

材料编码	材料名称	材料类别	计量单位	采购数量	验收数量	单价	金额
4001	液压油	零星材料	桶	20	20	350.00	7000.00

收料人：梅明　　　　　　保管：李起文　　　　　　制单：付林勇

第二联：记账

原始凭证46-1

云南省农村商业银行　贷款回收凭证　No 0149524983

科目(贷)　1273　　　　　　　2019 年 12 月 25 日　　　　科目(借)　20111

借款人户名	禄丰一平浪恒益煤业有限公司		
付款人户名	禄丰一平浪恒益煤业有限公司		
借款人账号	198300006639015	付款人账号	290000069130012
借款日 2018 年 12 月 19 日	到期日 2019 年 12 月 19 日	合同号 91983160719530000055	

计息金额	起息日	止息日	年利率	偿还利息	实收利息	结欠利息
6000000.00	20191221	20191225	10.44%	6960.00	6960.00	

本息合计人民币	陆佰万陆仟玖佰陆拾元整	小写￥6006960.00
本次偿还本金：6,000,000.00	结欠本金：0.00	

云南禄丰农村商业银行股份有限公司
一平浪支行
2019.12.25
业务清讫
(3)

主管：　　　　记账柜员：尹美凤　　　　流水号：98　　　　事后监督：

滇农信 XYM-2018

第三联：客户回单

原始凭证 46-2

农村商业银行
转账支票存根
40205320
04497328

附加信息 _____

_____

出票日期 2019 年 12 月 25 日

收款人：
禄丰一平浪恒益煤业有限公司

金额：6000000.00

用途：还贷款本金

单位主管　　曹华　　　会计

云南证券印务有限公司.2014年印制

原始凭证 46-3

农村商业银行
转账支票存根
40205320
04497329

附加信息 _____

_____

出票日期 2019 年 12 月 25 日

收款人：
禄丰一平浪恒益煤业有限公司

金额：6960.00

用途：还贷款利息

单位主管　　曹华　　　会计

云南证券印务有限公司.2014年印制

财务会计综合实训

原始凭证47-1

云南省农村商业银行借款借据　　　　②

科目：1233　　　　　　　　　　　借款日期：2019年12月25日

借 款 人	禄丰一平浪恒益煤业有限公司			
地 址	禄丰县一平浪镇福台山			
机 构 代 码	79028227-5		借款种类	短期其他贷款
到 期 日 期	2020/12/25	年利率　7.39%	付息方式	按月付息
借 款 用 途	借款用于企业日常流动资金		还款方式	不定期还款
贷款账户行号	1983000006639015	存入账户账号	2900000069310012	
借款金额(大写)	人民币伍佰伍拾万元整		小　写	¥5,500,000.00

上列贷款已转入您(单位)的存款账户　　　(农村商业银行会计部门转讫章)

此根据农村商业银行 0503191983170825530000013 号合同办理此笔贷款到期请凭此据收回贷款

借款人

法定代表人　杨美琼

授权委托人

农村商业银行审查意见及签章

信贷主管：李继红　　　(签章)

信贷员：　　　　　　　(签章)

2019年12月25日

云南禄丰农村商业银行股份有限公司
公章(预留印鉴)
一平浪支行
2019.12.25
(签章)
业务清讫
(3)
2019年12月25日

借款人债务凭证入账回单

原始凭证47-2

农村商业银行　收费凭证　　　凭证号码：№80504323

2019年12月25日　　　第　号

户名	合同印花税		账号		1983000003770018							
开户银行	一平浪支行	凭证(结算)种类	单价	数量	金额							
					万	千	百	十	元	角	分	
收费种类	禄丰一平浪恒益煤业有限公司		550万元	0.00005		¥	2	7	5	0	0	

1.客户购买凭证时在"收费种类"栏填写工本费，在"凭证种类"栏填写所购凭证名称。

2.客户在办理结算业务时，在"收费种类"栏分别填写手续费或邮电费，在"结算种类"栏填写办理的结算方式。

云南禄丰农村商业银行股份有限公司
一平浪支行
2019.12.25
业务清讫
(3)

滇农信YM-2006-K08

第一联：回单

合计	人民币(大写)	贰佰柒拾伍元整						

复核　李建平　　　记账　尹美凤

72

原始凭证48-1

江西增值税专用发票　　No 06603090　3600162130

3600162130　　　　　　　　　　　　　06603090

发　票　联　　　　　开票日期:2019年12月25日

购买方	名　　称:禄丰一平浪恒益煤业有限公司
	纳税人识别号:91532331790282275C
	地 址 、电 话:禄丰县一平浪镇福台山 13987844570
	开户行及账号:云南禄丰农村商业银行股份有限公司一平浪支行2900000069310012

密码区　　　　(略)

货物或应税劳务、服务名称	规格型号	单位	数量	单价	金额	税率	税额
中煤		吨	1145	902.654867	1033539.82	13%	134360.18
合　　计					¥1033539.82		¥134360.18

| 价税合计(大写) | ⊗壹佰壹拾陆万柒仟玖佰元整　　(小写)¥1167900.00 |

销货单位	名　　称:上高县永旺矿业有限公司
	纳税人识别号:91360923MA35JBQPON
	地 址 、电 话:江西省宜春市上高县翰堂集镇 13766402667
	开户行及账号:江西上高农村商业银行股份有限公司营业部 155279708
	000055715

备注:发票专用章

收款人:徐新花　　　　复核:甘莉莉　　　　开票人:罗春苗　　　　销货单位:(章)

第三联:发票联　购买方记账凭证

税总函(2017)117号中钞光华印制有限公司

原始凭证48-2

采购入库单

仓库:原材料仓库

供货单位:上高县永旺矿业有限公司　　　　　　　　　　2019年12月25日

材料编码	材料名称	材料类别	计量单位	采购数量	验收数量	单价	金额
1002	中煤	原料及主要材料	吨	1145	1145	902.65	1033539.82

收料人:梅明　　　　　　保管:李起文　　　　　　制单:付林勇

第二联:记账

原始凭证 49-1

云南增值税专用发票　　No 03515196 5300171130

5300171130

03515196

此联不作报销、扣税凭证使用　　开票日期：2019年12月27日

购买方	名　称：楚雄德胜煤化工有限公司					密码区	（略）	
	纳税人识别号：915323007670662597							
	地址、电话：楚雄州禄丰县金山镇 0878-4129891							
	开户行及账号：中国农业银行股份有限公司禄丰支行24309801040001777							
货物或应税劳务、服务名称	规格型号	单位	数量	单价	金额	税率	税额
洗精煤		吨	1406.39	1330.380758	1871034.19	13%	243234.45
合　计					¥1871034.19		¥243234.45
价税合计（大写）　⊗贰佰壹拾壹万肆仟贰佰陆拾捌元陆角肆分　　（小写）¥2114268.64							
销货单位	名　称：禄丰一平浪恒益煤业有限公司					备注		
	纳税人识别号：91532331790282275C							
	地址、电话：禄丰县一平浪镇福台山 13987844570							
	开户行及账号：云南禄丰农村商业银行股份有限公司一平浪支行29000000693100I2							

收款人：杨美琼　　　复核：段金堂　　　开票人：杨美琼　　　销货单位：（章）

第一联：记账联　销货方记账凭证

原始凭证 49-2

云南增值税专用发票　　No 03515197 5300171130

5300171130

03515197

此联不作报销、扣税凭证使用　　开票日期：2019年12月27日

购买方	名　称：楚雄德胜煤化工有限公司					密码区	（略）	
	纳税人识别号：915323007670662597							
	地址、电话：楚雄州禄丰县金山镇 0878-4129891							
	开户行及账号：中国农业银行股份有限公司禄丰支行24309801040001777							
货物或应税劳务、服务名称	规格型号	单位	数量	单价	金额	税率	税额
洗精煤		吨	847.55	1330.380758	1127564.21	13%	146583.35
合　计					¥1127564.21		¥146583.35
价税合计（大写）　⊗壹佰贰拾柒万肆仟壹佰肆拾柒元伍角陆分　　（小写）¥1274147.56							
销货单位	名　称：禄丰一平浪恒益煤业有限公司					备注		
	纳税人识别号：91532331790282275C							
	地址、电话：禄丰县一平浪镇福台山 13987844570							
	开户行及账号：云南禄丰农村商业银行股份有限公司一平浪支行29000000693100I2							

收款人：杨美琼　　　复核：段金堂　　　开票人：杨美琼　　　销货单位：（章）

第一联：记账联　销货方记账凭证

原始凭证50-1

云南省农村商业银行来账凭证

机构代码:0503191983 　　　打印日期:2019年12月27日 　　　打印次数:1 　　　打印柜员:197511

来 账 日 期:2019年12月27日　平台流水号:15171253	系统标识:大额系统
业 务 类 型:普通汇兑	业务状态:已自动入账
付 款 人 账 号:137252067294	
付 款 人 名 称:云南天聚化工有限公司	
付款开户行号:1047310112017	
付款开户行名:中国银行股份有限公司昆明官渡支行	云南禄丰农村商业银行股份有限公司
收 款 人 账 号:2900000069310012	★ 一平浪支行 ★
收 款 人 名 称:禄丰一平浪恒益煤业有限公司	2019.12.27
收款开户行号:402739100015	业务清讫
收款开户行名:云南禄丰农村商业银行股份有限公司	(1)
金 额 大 写:玖拾贰万玖仟零伍拾叁元捌角整	小写:929053.80
附言及用途:采购款	

事后监督:　　　　　　会计:　　　　　　复核:　　　　　　记账:

原始凭证51-1

存款利息清单

记账柜员:66662 　　　　　　　　　2019年12月27日 　　　　　　　　　币种:人民币

收款户名	禄丰一平浪恒益煤业有限公司		收款账户	2900000069310012
付款户名	应付单位活期存款利息		付款账户	198300000537081
起息日	止息日	天数	积数　　　利率	利息
2019/9/27	2019/12/26	91	55052001.00　　0.3500	535.23
本金		46353.25	利息合计	535.23
利息合计(大写)	伍佰叁拾伍元贰角叁分			

原始凭证 52-1

		云南增值税专用发票				No 03515198 5300171130		

5300171130

此联不作报销、抵税凭证使用　　　　开票日期：2019年12月27日

购买方	名　称：禄丰县马拉经贸有限公司渣砖厂					密码区	（略）	
	纳税人识别号：91532331790272253R							
	地址、电话：楚雄州禄丰县舍资镇中路23号 0878-4328565							
	开户行及账号：云南禄丰农村商业银行股份有限公司舍资支行2900000058312437							

货物或应税劳务、服务名称	规格型号	单位	数量	单价	金额	税率	税额
矿渣		吨	20708.75	11.75	243327.81	0.13	31632.62
合　计					243327.81		31632.62

价税合计（大写）	⊗贰拾柒万肆仟玖佰陆拾元肆角叁分　　（小写）¥274960.43

销货单位	名　称：禄丰一平浪恒益煤业有限公司	备注
	纳税人识别号：91532331790282275C	
	地址、电话：禄丰县一平浪镇福台山 13987844570	
	开户行及账号：云南禄丰农村商业银行股份有限公司一平浪支行2900000069310012	

收款人：杨美琼　　　　复核：段金堂　　　　开票人：杨美琼　　　　销货单位：（章）

第一联：记账联　销货方记账凭证

税总函[2017]117号中钞光华印制有限公司

原始凭证 52-2

云南省农村商业银行来账凭证

机构代码：0503191983　　　　打印日期：2019年12月27日　　　　打印次数：1　　　　打印柜员：197511

来账日期：2019年12月27日　平台流水号：50639641	系统标识：大额系统
业务类型：普通汇兑	业务状态：已自动入账
付款人账号：2900000058312437	
付款人名称：禄丰县马拉经贸有限公司渣砖厂	
付款开户行号：407514383592	云南禄丰农村商业银行股份有限公司
付款开户行名：云南禄丰农村商业银行股份有限公司舍资支行	一平浪支行
收款人账号：2900000069310012	2019.12.27
收款人名称：禄丰一平浪恒益煤业有限公司	业务清讫
收款开户行号：402739100015	（1）
收款开户行名：云南禄丰农村商业银行股份有限公司	
金额大写：肆拾万元整	小写：400000.00
附言及用途：货款	

事后监督：　　　　会计：　　　　复核：　　　　记账：

原始凭证 53-1

云南省农村商业银行付款凭证

机构代码:0503191983　　　　　　　　　　　　　　　　日期:2019年12月29日

付 款 人:禄丰一平浪恒益煤业有限公司

付款账号:2900000069310012

付 款 行:云南禄丰农村商业银行股份有限公司一平浪支行

收 款 人:贵州黔越矿业有限公司贞丰县挽澜乡新发煤业

收款账号:2402091009200065192

收 款 行:中国工商银行股份有限公司贞丰支行

大写金额:人民币捌拾柒万元整

小写金额:870000.00

汇款用途:货款

网银流水:2446493760　　　　　　　　　　　　行内转汇号:0

汇兑标志:跨行转账　　　　　　　　　　　　　　受理渠道:网上银行

> 云南禄丰农村商业银行股份有限公司
> 一平浪支行
> ★ 2019.12.29 ★
> 业务清讫
> （1）

原始凭证 53-2

云南省农村商业银行手续费凭证

机构代码:0503191983　　　　　　　　　　　　　　　　日期:2019年12月29日

户　　　名:禄丰一平浪恒益煤业有限公司

账　　　号:2900000069310012

收费项目:网银交易手续费

大写金额:人民币壹拾陆元整

小写金额:¥16.00

网银流水:2446493760

汇兑标志:跨行转账

> 云南禄丰农村商业银行股份有限公司
> 一平浪支行
> ★ 2019.12.29 ★
> 业务清讫
> （2）

原始凭证 54-1

云南增值税专用发票

No 03515199 5300171130

5300171130

销项负数

此联不作报销、扣税凭证使用

03515199

开票日期：2019年12月29日

购买方	名　称：武定县华翔经贸有限公司球团矿厂						密码区	（略）
	纳税人识别号：91532329054661509B							
	地址、电话：武定县工业园区大坪子冶金片区中山梁子 0878-8728728							
	开户行及账号：中国农业银行股份有限公司武定支行狮子山分理处25301201040003097							

货物或应税劳务、服务名称	规格型号	单位	数量	单价	金额	税率	税额
烟煤		吨	-131.28	1061.946872	-139412.39	13%	-18123.61
烟煤		吨	-410.86	1123.893808	-461763.01	13%	-60029.19
合　计					¥-601175.40		¥-78152.80

价税合计（大写）	⊗（负数）陆拾柒万玖仟叁佰贰拾捌元贰角整　（小写）¥-679328.20		

销货单位	名　称：禄丰一平浪恒益煤业有限公司		备注	开具红字增值税专用发票信息表编号53233
	纳税人识别号：91532331790282275C			
	地址、电话：禄丰县一平浪镇福台山 13987844570			11712000536
	开户行及账号：云南禄丰农村商业银行股份有限公司一平浪支行2900000069310012			

收款人：杨美琼　　复核：段金堂　　开票人：杨美琼　　销货单位：（章）

第一联：记账联　销货方记账凭证

税总函〔2017〕117号中钞光华印制有限公司

原始凭证 54-2

云南增值税专用发票

No 03515199 5300171130

5300171130

销项负数

03515199

抵扣联

开票日期：2019年12月29日

购买方	名　称：武定县华翔经贸有限公司球团矿厂						密码区	（略）
	纳税人识别号：91532329054661509B							
	地址、电话：武定县工业园区大坪子冶金片区中山梁子 0878-8728728							
	开户行及账号：中国农业银行股份有限公司武定支行狮子山分理处25301201040003097							

货物或应税劳务、服务名称	规格型号	单位	数量	单价	金额	税率	税额
烟煤		吨	-131.28	1061.946872	-139412.39	13%	-18123.61
烟煤		吨	-410.86	1123.893808	-461763.01	13%	-60029.19
合　计					¥-601175.40		¥-78152.80

价税合计（大写）	⊗（负数）陆拾柒万玖仟叁佰贰拾捌元贰角整　（小写）¥-679328.20		

销货单位	名　称：禄丰一平浪恒益煤业有限公司		备注	开具红字增值税专用发票信息表编号53233
	纳税人识别号：91532331790282275C			
	地址、电话：禄丰县一平浪镇福台山 13987844570			11712000536
	开户行及账号：云南禄丰农村商业银行股份有限公司一平浪支行2900000069310012			

收款人：杨美琼　　复核：段金堂　　开票人：杨美琼　　销货单位：（章）

第二联：抵扣联　购货方扣税凭证

税总函〔2017〕117号中钞光华印制有限公司

原始凭证54-3

5300171130

销项负数

云南增值税专用发票

发票联

No 03516507 5300171130

03516507

开票日期：2019年12月29日

购买方	名　　称：武定县华翔经贸有限公司球团矿厂						密码区	（略）	
	纳税人识别号：91532329054661509B								
	地　址、电话：武定县工业园区大坪子冶金片区中山梁子 0878-8728728								
	开户行及账号：中国农业银行股份有限公司武定支行狮子山分理处25301201040003097								

货物或应税劳务、服务名称	规格型号	单位	数量	单价	金额	税率	税额
烟煤		吨	-131.28	1061.946872	-139412.39	13%	-18123.61
烟煤		吨	-410.86	1123.893808	-461763.01	13%	-60029.19
合　计					¥-601175.40		¥-78152.80

价税合计（大写）	⊗（负数）陆拾柒万玖仟叁佰贰拾捌元贰角整　　（小写）¥-679328.20

销货单位	名　　称：禄丰一平浪恒益煤业有限公司	备注	真红字增值税专用发票信息表编号 53233
	纳税人识别号：91532331790282275C		91532331790282275C
	地　址、电话：禄丰一平浪镇福台山 13987844570		11712000536
	开户行及账号：云南禄丰农村商业银行股份有限公司一平浪支行2900000069310012		

收款人：杨美琼　　　复核：段金堂　　　开票人：杨美琼　　　销货单位：（章）

第三联：发票联 购货方扣税凭证

税总函(2017)117号中钞光华印制有限公司

原始凭证54-4

开具红字增值税发票信息表

填开日期：2019年12月29日

销售方	名　　称	禄丰一平浪恒益煤业有限公司		购买方	名　　称	武定县华翔经贸有限公司球团矿厂		
	纳税人识别号	91532331790282275C			纳税人识别号	91532329054661509B		
开具红字专用发票内容	货物(劳务服务)名称	数量	单价		金额	税率	税额	
	烟煤	-131.28	1061.95		-139412.39	13%	-18123.61	
	烟煤	-410.86	1123.89		-461763.01	13%	-60029.19	
	合计				¥-601175.40		¥-78152.80	
说明	一、购买方　　□ 对应蓝字专用发票抵扣增值税销项税额情况： 　　　　1.已抵扣　　□ 　　　　2.未抵扣　　□ 对应蓝字专用发票的代码：_____　号码：_____ 二、销售方　　✓ 对应蓝字专用发票的代码：5300171130　　　号码：03515199							
红字发票信息表编号	5323311712000536							

原始凭证 55-1

云南省农村商业银行付款凭证

机构代码：0503191983

日期：2019 年 12 月 30 日

付　款　人：禄丰一平浪恒益煤业有限公司

付款账号：2900000069310012

付　款　行：云南禄丰农村商业银行股份有限公司一平浪支行

收　款　人：一平浪煤矿

收款账号：24302901040000394

收　款　行：中国农业银行股份有限公司禄丰县一平浪分理处

大写金额：人民币壹佰伍拾万元整

小写金额：¥1500000.00

汇款用途：货款

网银流水：2446463546

汇兑标志：跨行转账

云南禄丰农村商业银行股份有限公司
一平浪支行
★ 2019.12.30 ★
业务清讫
（1）

行内转汇号：0

受理渠道：网上银行

原始凭证 55-2

云南省农村商业银行手续费凭证

机构代码：0503191983

日期：2019 年 12 月 30 日

户　　　名：禄丰一平浪恒益煤业有限公司

账　　　号：2900000069310012

收费项目：网银交易手续费

云南禄丰农村商业银行股份有限公司
一平浪支行
★ 2019.12.30 ★
业务清讫
（1）

大写金额：人民币贰拾肆元整

小写金额：¥24.00

网银流水：2446493760

汇兑标志：跨行转账

原始凭证 56-1

工资结算表

2019年12月

单位：元

部门		基本工资	岗位津贴	资金、补贴	缺勤扣款	应付工资	代扣款项				扣款合计	实发工资
							养老保险	医疗保险	失业保险	个人所得税		
破碎车间	生产工人	6 000.00	2 100.00	1 500.00	0.00	9 600.00	768.00	192.00	96.00	0.00	1 056.00	8 544.00
	管理人员	3 000.00	1 200.00	700.00	0.00	4 900.00	392.00	98.00	49.00	0.00	539.00	4 361.00
	小计	**9 000.00**	**3 300.00**	**2 200.00**	**0.00**	**14 500.00**	**1 160.00**	**290.00**	**145.00**	**0.00**	**1 595.00**	**12 905.00**
清洗车间	生产工人	12 000.00	5 500.00	4 500.00	0.00	22 000.00	1 760.00	440.00	220.00	0.00	2 420.00	19 580.00
	管理人员	3 000.00	1 200.00	700.00	0.00	4 900.00	392.00	98.00	49.00	0.00	539.00	4 361.00
	小计	**15 000.00**	**6 700.00**	**5 200.00**	**0.00**	**26 900.00**	**2 152.00**	**538.00**	**269.00**	**0.00**	**2 959.00**	**23 941.00**
配料车间	生产工人	6 000.00	2 100.00	1 500.00	0.00	9 600.00	768.00	192.00	96.00	0.00	1 056.00	8 544.00
	管理人员	3 000.00	1 200.00	700.00	0.00	4 900.00	392.00	98.00	49.00	0.00	539.00	4 361.00
	小计	**9 000.00**	**3 300.00**	**2 200.00**	**0.00**	**14 500.00**	**1 160.00**	**290.00**	**145.00**	**0.00**	**1 595.00**	**12 905.00**
水电车间	生产工人	1 500.00	600.00	500.00	0.00	2 600.00	208.00	52.00	26.00	0.00	286.00	2 314.00
	管理人员	3 000.00	2 100.00	700.00	0.00	5 800.00	464.00	116.00	58.00	0.00	638.00	5 162.00
	小计	**4 500.00**	**2 700.00**	**1 200.00**	**0.00**	**8 400.00**	**672.00**	**168.00**	**84.00**	**0.00**	**924.00**	**7 476.00**
厂部管理人员		32 330.00	11 300.00	7 300.00	0.00	50 930.00	4 074.40	1 018.60	509.30	328.15	5 930.45	44 999.55
合 计		**69 830.00**	**27 300.00**	**18 100.00**	**0.00**	**115 230.00**	**9 218.40**	**2 304.60**	**1 152.30**	**328.15**	**13 003.45**	**102 226.55**

原始凭证56-2

工时统计表

2019年12月   单位:小时

车间		工时
破碎车间	原煤	480
	小计	**480**
清洗车间	原煤	230
	中煤	150
	煤矸石	1300
	小计	**1680**
配料车间	洗精煤	500
	烟煤	220
	小计	**720**
合计		**2880**

原始凭证56-3

社保及福利等计提汇总表

2019年12月31日   单位:元

部门			应付工资总额	养老保险20%	医疗保险8.8%	失业保险1.4%	工伤保险0.5%	工会经费2%	职工教育经费1.5%	职工福利	合计
生产成本	基本生产成本	破碎车间									
		清洗车间									
		配料车间									
	辅助生产成本	水电车间									
制造费用	破碎车间										
	清洗车间										
	配料车间										
管理费用											
合计											

原始凭证56-4

工资费用分配表

2019年12月31日　　　　　　　　　　　　　　　　　　　　　单位:元

应借科目				应分配的工资
生产成本	基本生产成本	破碎车间		
		清洗车间		
		配料车间		
	辅助生产成本	水电车间		
制造费用	破碎车间			
	清洗车间			
	配料车间			
管理费用				
合计				

原始凭证57-1

折旧计算表

2019年12月31日　　　　　　　　　　　　　　　　　　　　　单位:元

二级账户	编号	名称	使用部门	原值	本月计提的折旧
机器设备	1001	洗煤设备	清洗车间	141 950.00	1 953.35
	1002	信华转动设备	破碎车间	1 900 000.00	37 832.12
	1027	惯性振动器	破碎车间	11 720.00	580.87
	1033	压滤机	清洗车间	196 581.20	3 981.91
	小计			**2 250 251.20**	**44 348.25**
房屋建筑物	2001	办公楼	厂部	87 880.00	732.33
	2002	厂房	破碎车间	36 750.00	306.25
	2003	厂房	清洗车间	35 390.00	294.91
	2004	厂房	配料车间	33 560.00	279.67
	2005	厂房	供水、供电车间	22 870.00	190.58
	小计			**216 450.00**	**1 803.74**
运输设备	3003	厦工装载机	配料车间	298 632.48	4 867.95
	3005	装载机	配料车间	264 957.26	3 894.65
	3007	福田自御汽车	破碎车间	386 410.26	6 453.95
	3011	小汽车	厂部	60 000.00	1 002.00

续表

二级账户	编号	名称	使用部门	原值	本月计提的折旧
运输设备	3013	厦工装载机	破碎车间	264 957.26	3 894.65
	3014	厦工装载机	经营性租赁	320 000.00	2 344.00
	1016	电子汽车衡	厂部	26 495.73	942.48
	小计			**1 621 452.99**	**23 399.68**
水电设施	4001	电力设备	供水、供电车间	57 867.00	601.82
	4005	变压器	供水、供电车间	118 373.25	1 976.83
	小计			**176 240.25**	**2 578.65**
办公设备	5003	计算机	厂部	10 000.00	820.65
	5006	复印机	厂部	7 600.00	127.44
	小计			**17 600.00**	**948.09**
	合计			**4 281 994.44**	**73 078.41**

注:企业有部分已提足折旧仍继续使用的固定资产,在此表中未列示。

原始凭证57-2

折旧费用分配表

2019 年 12 月 31 日　　　　　　　　　　　　　　　　　　单位:元

应借科目			机器设备	运输设备	房屋建筑物	水电设施	办公设备	合计
生产成本——辅助生产成本	水电车间							
制造费用	破碎车间							
	清洗车间							
	配料车间							
管理费用								
其他业务成本								
合计								

原始凭证58-1

领料单

发出仓库:原材料仓库　　　　　　　　　　　　　　　　　　领料部门:破碎车间

用　　途:原煤生产耗用　　　　　　　　　　　　　　　　　2019 年 12 月 02 日

材料编码	材料名称	材料类别	计量单位	数量	单价	金额
1001	原煤	原料及主要材料	吨	567.38		

发料人:梅明　　　　　　　　　　　　　　　　　　　　　领料人:李绍兴

原始凭证58-2

领料单

发出仓库:原材料仓库　　　　　　　　　　　　　　　　　领料部门:破碎车间

用　　途:一般耗用　　　　　　　　　　　　　　　　　　2019年12月10日

材料编码	材料名称	材料类别	计量单位	数量	单价	金额
3001	柴油	油料	吨	3.5		

发料人:梅明　　　　　　　　　　　　　　　　　　　　领料人:李绍兴

原始凭证58-3

领料单

发出仓库:周转材料仓库　　　　　　　　　　　　　　　领料部门:破碎车间

用　　途:一般耗用　　　　　　　　　　　　　　　　　　2019年12月12日

材料编码	材料名称	材料类别	计量单位	数量	单价	金额
4004	铁道工字钢	零星材料	吨	1.28		

发料人:梅明　　　　　　　　　　　　　　　　　　　　领料人:李绍兴

原始凭证58-4

领料单

发出仓库:原材料仓库　　　　　　　　　　　　　　　　　领料部门:破碎车间

用　　途:原煤生产耗用　　　　　　　　　　　　　　　　2019年12月13日

材料编码	材料名称	材料类别	计量单位	数量	单价	金额
1001	原煤	原料及主要材料	吨	667.28		

发料人:梅明　　　　　　　　　　　　　　　　　　　　领料人:李绍兴

原始凭证 58-5

领料单

发出仓库:原材料仓库 　　　　　　　　　　　　　　　　领料部门:破碎车间

用　　途:一般耗用 　　　　　　　　　　　　　　　　　　2019 年 12 月 13 日

材料编码	材料名称	材料类别	计量单位	数量	单价	金额
4001	液压油	零星材料	桶	8		
4003	电焊条	零星材料	箱	1		

发料人:梅明 　　　　　　　　　　　　　　　　　　　　领料人:李绍兴

原始凭证 58-6

领料单

发出仓库:原材料仓库 　　　　　　　　　　　　　　　　领料部门:破碎车间

用　　途:原煤生产耗用 　　　　　　　　　　　　　　　　2019 年 12 月 23 日

材料编码	材料名称	材料类别	计量单位	数量	单价	金额
1001	原煤	原料及主要材料	吨	430.66		

发料人:梅明 　　　　　　　　　　　　　　　　　　　　领料人:李绍兴

原始凭证 58-7

领料单

发出仓库:原材料仓库 　　　　　　　　　　　　　　　　领料部门:清洗车间

用　　途:中煤生产耗用 　　　　　　　　　　　　　　　　2019 年 12 月 3 日

材料编码	材料名称	材料类别	计量单位	数量	单价	金额
1002	中煤	原料及主要材料	吨	639.84		

发料人:梅明 　　　　　　　　　　　　　　　　　　　　领料人:张清华

原始凭证58-8

领料单

发出仓库:原材料仓库　　　　　　　　　　　　　　　　　领料部门:清洗车间

用　　途:煤矸石生产耗用　　　　　　　　　　　　　　　　　2019年12月4日

材料编码	材料名称	材料类别	计量单位	数量	单价	金额
1003	煤矸石	原料及主要材料	吨	6115.36		

发料人:梅明　　　　　　　　　　　　　　　　　　　　领料人:张清华

原始凭证58-9

领料单

发出仓库:原材料仓库　　　　　　　　　　　　　　　　　领料部门:清洗车间

用　　途:一般耗用　　　　　　　　　　　　　　　　　　2019年12月10日

材料编码	材料名称	材料类别	计量单位	数量	单价	金额
2001	聚丙烯酰胺	辅助材料	吨	2.25		

发料人:梅明　　　　　　　　　　　　　　　　　　　　领料人:张清华

原始凭证58-10

领料单

发出仓库:原材料仓库　　　　　　　　　　　　　　　　　领料部门:清洗车间

用　　途:一般耗用　　　　　　　　　　　　　　　　　　2019年12月12日

材料编码	材料名称	材料类别	计量单位	数量	单价	金额
2002	介质粉	辅助材料	吨	18.74		

发料人:梅明　　　　　　　　　　　　　　　　　　　　领料人:张清华

原始凭证58-11

领料单

发出仓库:周转材料仓库　　　　　　　　　　　　　　　　领料部门:清洗车间

用　　途:一般耗用　　　　　　　　　　　　　　　　　　2019 年 12 月 14 日

材料编码	材料名称	材料类别	计量单位	数量	单价	金额
4002	水泥	零星材料	吨	1.37		
4001	液压油	零星材料	桶	3		

发料人:梅明　　　　　　　　　　　　　　　　　　　领料人:张清华

原始凭证58-12

领料单

发出仓库:原材料仓库　　　　　　　　　　　　　　　　领料部门:清洗车间

用　　途:中煤生产耗用　　　　　　　　　　　　　　　2019 年 12 月 14 日

材料编码	材料名称	材料类别	计量单位	数量	单价	金额
1002	中煤	原料及主要材料	吨	505.16		

发料人:梅明　　　　　　　　　　　　　　　　　　　领料人:张清华

原始凭证58-13

领料单

发出仓库:原材料仓库　　　　　　　　　　　　　　　　领料部门:清洗车间

用　　途:煤矸石生产耗用　　　　　　　　　　　　　　2019 年 12 月 14 日

材料编码	材料名称	材料类别	计量单位	数量	单价	金额
1003	煤矸石	原料及主要材料	吨	6 015.36		

发料人:梅明　　　　　　　　　　　　　　　　　　　领料人:张清华

原始凭证58-14

领料单

发出仓库:原材料仓库   领料部门:清洗车间

用   途:煤矸石生产耗用   2019 年 12 月 19 日

材料编码	材料名称	材料类别	计量单位	数量	单价	金额
1003	煤矸石	原料及主要材料	吨	5815.87		

发料人:梅明   领料人:张清华

原始凭证58-15

领料单

发出仓库:原材料仓库   领料部门:清洗车间

用   途:煤矸石生产耗用   2019 年 12 月 27 日

材料编码	材料名称	材料类别	计量单位	数量	单价	金额
1003	煤矸石	原料及主要材料	吨	5865.56		

发料人:梅明   领料人:张清华

原始凭证58-16

领料单

发出仓库:其他材料仓库   领料部门:配料车间

用   途:一般耗用   2019 年 12 月 12 日

材料编码	材料名称	材料类别	计量单位	数量	单价	金额
3001	柴油	油料	吨	1.5		

发料人:梅明   领料人:陈丽

原始凭证58-17

领料单

发出仓库:原材料仓库　　　　　　　　　　　　　　　　领料部门:配料车间

用　　途:一般耗用　　　　　　　　　　　　　　　　　　2019年12月16日

材料编码	材料名称	材料类别	计量单位	数量	单价	金额
4001	液压油	零星材料	桶	8		
4003	电焊条	零星材料	箱	2		
4004	铁道工字钢	零星材料	吨	3.75		

发料人:梅明　　　　　　　　　　　　　　　　　　　　领料人:李绍兴

原始凭证58-18

领料单

发出仓库:其他材料仓库　　　　　　　　　　　　　　　领料部门:配料车间

发出仓库:一般耗用　　　　　　　　　　　　　　　　　　2019年12月14日

材料编码	材料名称	材料类别	计量单位	数量	单价	金额
5001	电机YZS-5-6	低值易耗品	台	1		

发料人:梅明　　　　　　　　　　　　　　　　　　　　领料人:陈丽

原始凭证58-19

领料单

发出仓库:原材料仓库　　　　　　　　　　　　　　领料部门:云南天聚化工有限公司

发出仓库:对外销售　　　　　　　　　　　　　　　　　　2019年12月19日

材料编码	材料名称	材料类别	计量单位	数量	单价	金额
1002	中煤	原料及主要材料	吨	1087.83		

发料人:梅明　　　　　　　　　　　　　　　　　　　　领料人:陈丽

原始凭证58-20

原材料费用分配汇总表

2019年12月31日

用途＼类别	原料及主要材料						辅助材料				油料			零星材料						金额合计
	原煤		中煤		煤矸石		介质粉		聚丙烯酰胺		柴油	液压油		水泥		电焊条		铁道工字钢		
	数量	金额	数量	金额	数量	金额	数量	金额	数量	金额		数量	金额	数量	金额	数量	金额	数量	金额	
基本生产成本　破碎车间																				
基本生产成本　清洗车间																				
基本生产成本　配料车间																				
辅助生产成本　水电车间																				
制造费用　破碎车间																				
制造费用　清洗车间																				
制造费用　配料车间																				
其他业务成本																				
合计																				

原始凭证 59-1

水电费分配表

2019年12月31日

部门	用水量(吨)	分配率	分配金额	用电量 (千瓦·时)	分配率	分配金额	合计
破碎车间	583.37			6.86			
清洗车间	31 538.55			3.50			
配料车间	374.52			2.17			
管理部门	346.83			0.12			
合计	32 843.27			12.65			

主管： 审核： 制表：

原始凭证 60-1

辅助生产成本分配表

2019年12月31日

辅助生产成本(待分配金额)：					
受益部门	破碎车间	清洗车间	配料车间	管理部门	合计
受益部门耗用工时	100	200	150	30	480
分配率					
分配金额					

原始凭证 61-1

制造费用分配表

2019年12月31日　　　　　　　　　　　　　　　　单位:元

车间		待分配金额	分配率	制造费用分配额
破碎车间	原煤			
清洗车间	原煤			
	中煤			
	煤矸石			
配料车间	洗精煤			
	烟煤			
合计				

原始凭证61-2

工时统计表

2019年12月31日

车间		工时
破碎车间	原煤	480
	小计	**480**
清洗车间	原煤	230
	中煤	150
	煤矸石	1 300
	小计	**1 680**
配料车间	洗精煤	500
	烟煤	220
	小计	**720**
合计		**2 880**

原始凭证62-1

产量统计数表

2019年12月31日

车间		期初数量	本期投入	期末在产品数量	期末完工品数量	副产品数量
破碎车间	原煤	0.00	1 655.32	0.00	1 655.32	0.00
清洗车间	原煤	328.62	1 655.32	338.57	1 316.30	329.07
	中煤	230.25	1 145.00	238.16	568.55	568.54
	煤矸石	2 135.48	23 812.15	2 174.26	3 962.23	19 811.14
配料车间	洗精煤	0.00	3 828.36	0.00	3 828.36	0.00
	烟煤	0.00	2 018.71	0.00	2 018.71	0.00

原始凭证62-2

破碎车间产成本计算单

产品名称:原煤　　　　　　　　　　　年　月　日

成本项目	直接材料	直接人工	制造费用	合计
月初在产品				
本月生产费用				
生产费用合计				
完工产品成本				
月末在产品成本				

原始凭证63-1

清洗车间产成品成本计算单

产品名称:原煤　　　　　　　　　　　年　月　日

成本项目	直接材料	直接人工	制造费用	合计
月初在产品成本				
本月生产费用				
生产费用合计				
副产品成本		——	——	
完工产品成本				
月末在产品成本				

原始凭证63-2

清洗车间产成品成本计算单

产品名称:中煤　　　　　　　　　　　年　月　日

成本项目	直接材料	直接人工	制造费用	合计
月初在产品成本				
本月生产费用				
生产费用合计				
副产品成本		——	——	
完工产品成本				
月末在产品成本				

原始凭证63-3

清洗车间产成品成本计算单

产品名称:煤矸石　　　　　　　　　　年　月　日

成本项目	直接材料	直接人工	制造费用	合计
月初在产品				
本月生产费用				
生产费用合计				
副产品成本		——	——	
完工产品成本				
月末在产品成本				

原始凭证64-1

配料车间产品成本计算单

完工产量:

产品名称:洗精煤　　　　　　　　年　月　日　　　　　　单位:元

成本项目	直接材料	直接人工	制造费用	合计
本月生产费用				
生产费用合计				
完工产品成本				
完工产品单位成本				

原始凭证64-2

配料车间产品成本计算单

完工产量:

产品名称:烟煤　　　　　　　　　年　月　日　　　　　　单位:元

成本项目	直接材料	直接人工	制造费用	合计
本月生产费用				
生产费用合计				
完工产品成本				
完工产品单位成本				

原始凭证64-3

产成品入库单

缴库部门:配料车间   年 月 日   仓库:产成品仓库

编号	产成品编码	产成品名称	计量单位	入库数量	单位成本	总成本

收料人:田宏   负责人: 制单:付林勇

原始凭证64-4

产成品入库单

缴库部门:配料车间   年 月 日   仓库:产成品仓库

编号	产成品编码	产成品名称	计量单位	入库数量	单位成本	总成本

收料人:田宏   负责人: 制单:付林勇

原始凭证65-1

产品销售成本计算表

2019年12月31日

产品	单位	月初结存			完工入库			加权平均单位成本	本月销售	
		数量	单位成本	总成本	数量	单位成本	总成本		数量	总成本
洗精煤										
烟煤										
合计	——	——		——	——		——	——	——	——

原始凭证65-2

产成品出库单

仓库:产成品仓库

购货单位:云南风行防水材料有限公司 　　　　　　　　　　2019 年 12 月 5 日

编号	产品名称	规格	单位	数量	单位成本	金额	备注
6001	洗精煤		吨	686.74			
合计							

收货:　　　　　　　　　保管:田宏　　　　　　　　　　制单:付林勇

原始凭证65-3

产成品出库单

仓库:产成品仓库

购货单位:云南冶金新立钛业有限公司 　　　　　　　　　2019 年 12 月 14 日

编号	产品名称	规格	单位	数量	单位成本	金额	备注
6002	烟煤		吨	1133.80			
合计							

收货:　　　　　　　　　保管:田宏　　　　　　　　　　制单:付林勇

原始凭证65-4

产成品出库单

仓库:产成品仓库

购货单位:武定县华翔经贸有限公司球团矿厂 　　　　　　2019 年 12 月 20 日

编号	产品名称	规格	单位	数量	单位成本	金额	备注
6002	烟煤		吨	542.14			
合计							

收货:　　　　　　　　　保管:田宏　　　　　　　　　　制单:付林勇

原始凭证65-5

产成品出库单

仓库：产成品仓库

购货单位：云南燃二化工有限公司禄丰玻璃厂　　　　　　　　　　　2019 年 12 月 22 日

编号	产品名称	规格	单位	数量	单位成本	金额	备注
6002	烟煤		吨	1800			
合计							

收货：　　　　　　　　保管：田宏　　　　　　　　制单：付林勇

原始凭证65-6

产成品出库单

仓库：产成品仓库

购货单位：楚雄德胜煤化工有限公司　　　　　　　　　　　　　　2019 年 12 月 27 日

编号	产品名称	规格	单位	数量	单位成本	金额	备注
6001	洗精煤		吨	1046.39			
6001	洗精煤		吨	847.55			
合计							

收货：　　　　　　　　保管：田宏　　　　　　　　制单：付林勇

原始凭证66-1

禄丰一平浪恒益煤业有限公司发货清单

货物名称：矿渣

购货单位：禄丰县马拉经贸有限公司渣砖厂　　　　　　　　　　2019 年 12 月 27 日

日期	我方数（吨）	结算数（吨）	备注
2019.12.6	5127.36	5127.36	
2019.12.13	4986.44	4986.44	
2019.12.19	5009.47	5009.47	
2019.12.26	5585.48	5585.48	
合计	20708.75	20708.75	本月总计：20708.75吨

第一联：发货

经办人：江潇　　　　　　　　　　　　　　　　提货人：张增清

原始凭证67-1

财产清查报告

2019 年 12 月 31 日

编号	类别名称	单位	账面数量	实存数量	盘盈		盘亏		备注
					数量	金额	数量	金额	
4001	液压油	桶	36	35			1	350	保管不善丢失
审批部门处理意见		同意					盘亏损失应由责任人梅明赔偿350元。　　　　　　杨美琼		

负责人：李起文　　　　　　　　　　　　　　　清点人：李海

原始凭证67-2

财产清查报告

2019 年 12 月 31 日

编号	类别名称	盘盈				盘亏			备注
		数量	原值	重置成本	备注	数量	原值	已提折旧	
5001	电力设备	1	78000.00	69520.00	该设备于 2018 年 4 月购入，由水电车间使用				
原因	购入时以费用入账，全部计入当期损益。								
审批部门处理意见	补提折旧，按前期差错处理。 　　　　　　曹华　杨美琼								

负责人：王国东　　　　　　　　　　　　　　　　　　　清点人：李海

原始凭证68-1

交易性金融资产账面价值与市值比较表

2019 年 12 月 31 日　　　　　　　　　　　　　　　　　　　　　　单位：元

资产名称	账面价值	市值	差额
通程控股	44000.00	46538.00	
华工科技	28900.00	21750.00	
合计	72900.00	68288.00	

原始凭证69-1

无形资产摊销计算表

2019 年 12 月 31 日　　　　　　　　　　　　　　　　　　　　　　单位：元

资产名称	资产原值	使用寿命（月）	已摊销月	已摊销金额	本月应摊销金额
土地使用权			102	255000.00	
合计				255000.00	

原始凭证70-1

计提坏账准备计算表

2019年12月31日

单位:元

	期末账面余额(1)	计算比例(2)	坏账准备期末余额(3)=(1)×(2)	坏账准备期初余额(4)	本年已冲回(5)	计提金额(6)=(3)-[(4)-(5)]
应收账款						
其他应收款						
合计						

原始凭证71-1

云南省农村商业银行来账凭证

机构代码:0503191983　　　　打印日期:2019年12月31日　　　　打印次数:1　　　　打印柜员:197511

来 账 日 期:2019年12月31日　　平台流水号:50698638	系统标识:大额系统
业 务 类 型:普通汇兑	业务状态:已自动入账
付款人账号:2516044419200069062	
付款人名称:禄丰一平浪恒益煤业有限公司	
付款开户行号:102738016016	云南禄丰农村商业银行股份有限公司
付款开户行名:中国工商银行股份有限公司禄丰支行	一平浪支行
收款人账号:2900000069310012	★ 2019.12.31 ★
收款人名称:禄丰一平浪恒益煤业有限公司	业务清讫
收款开户行号:402739100015	(1)
收款开户行名:云南禄丰农村商业银行股份有限公司	
金 额 大 写:肆佰玖拾万陆仟元整	小写:4906000.00
附言及用途:跨行转账	

事后监督:　　　　　　会计:　　　　　　复核:　　　　　　记账:

原始凭证72-1

产成品入库单

缴库部门:杨美琼　　　　　　2019年12月31日　　　　　　仓库:产成品仓库

编号	产成品编码	产成品名称	计量单位	入库数量	单位成本	总成本
	6002	烟煤	吨	524.14		

收料人:田宏　　　　　　负责人:　　　　　　制单:付林勇

原始凭证73-1

企业网上认证结果清单

纳税人名称:禄丰一平浪恒益煤业有限公司　　纳税人识别号:91532331790282275C

认证月份:2019年12月

发票类型认证方式	勾选认证			扫描认证			合计		
	份数	金额(元)	税额(元)	份数	金额(元)	税额(元)	份数	金额(元)	税额(元)
增值税专用发票	17	3 159 435.27	357 639.10	0	0	0	17	3 159 435.27	357 639.10
货物运输业增值税专用发票	0	0	0	0	0	0	0	0	0
机动车销售统一发票	0	0	0	0	0	0	0	0	0
总计	17	3 159 435.27	357 639.10	0	0	0	17	3 159 435.27	357 639.10

原始凭证73-2

认证结果通知书

禄丰一平浪恒益煤业有限公司:

你单位于2019年12月远程认证的防伪系统开具的增值税专用发票抵扣联共计17份。经过认证,认证相符的发票共壹拾柒份,金额¥3 159 435.27元,税额¥357 639.10元。

请将认证相符的专用发票抵扣联与本通知一起装订成册,作为纳税检查备查资料。

认证详细情况见本通知所附清单。

打印时间:2019年12月31日

原始凭证73-3

未交增值税结转表

2019年12月31日

单位:元

项目	栏次	金额
本期销项税额	1	
本期进项税额转出	2	
本期进项税额	3	
本期已交税金	4	
转出未交增值税	5=1+2-3-4	

原始凭证74-1

税费计算表

2019年12月31日　　　　　　　　　　　　　　　　单位:元

项目	计税依据	税率	应纳税金额
城市维护建设税			
教育费附加			
地方教育费附加			
销售合同印花税			
合计			

原始凭证75-1

损益类账户发生额表

2019年12月31日　　　　　　　　　　　　　　　　单位:元

账户名称	借方发生额合计	贷方发生额合计
合计		

原始凭证76-1

暂时性差异计算表

2019年12月31日　　　　　　　　　　　　　　　　　　　　　　　　单位:元

项目	期末账面价值	期末计税基础	暂时性差异	
			应纳税暂时性差异	可抵扣暂时性差异
合计				

原始凭证76-2

递延所得税计算表

2019年12月31日　　　　　　　　　　　　　　　　　　　　　　　　单位:元

项目	期末余额	期初余额	增加/减少(+/−)
递延所得税负债			
递延所得税资产			
递延所得税=(　　−　　)−(　　−　　)=			

原始凭证76-3

所得税计算表

2019年12月31日　　　　　　　　　　　　　　　　　　　　　　　　单位:元

项目	行次	金额
一、利润总额	1	
加:纳税调整增加额	2	
其中:1	3	
2	4	
3	5	
4	6	
5	7	

续表

项目	行次	金额
减:纳税调整减少额	8	
其中:1	9	
2	10	
3	11	
4	12	
5	13	
二、纳税调整后所得	14	
减:弥补以前年度亏损	15	
三、应纳税所得额	16	
适用税率	17	
四、应纳所得税	18	
减:本期累计实际已预缴的所得税	19	
本期应补(退)的所得税税额	20	

学习情境5
编制财务报表、纳税申报表

5.1 工作任务

①编制增值税纳税申报表。

②编制所得税纳税申报表。

③编制资产负债表。

④编制利润表。

⑤编制现金流量表。

5.2 编制期末报表

①增值税纳税申报表(节选)。见表5-1。

表5-1

增值税纳税申报表

（一般纳税人适用）

根据国家税收法律法规及增值税相关规定制定本表。纳税人无论有无销售额,均应按税务机关核定的纳税期限填写本表,并向当地税务机关申报。

税款所属时间:自　年　月　日至　年　月　日　填表日期:　年　月　日　金额单位:元至角分

纳税人识别号				所属行业:			
纳税人名称	（公章）	法定代表人姓名		注册地址		生产经营地址	
开户银行及账号		登记注册类型				电话号码	

项　目		栏次	一般项目		即征即退项目	
			本月数	本年累计	本月数	本年累计
销售额	(一)按适用税率计税销售额	1				
	其中:应税货物销售额	2				
	应税劳务销售额	3				
	纳税检查调整的销售额	4				
	(二)按简易办法计税销售额	5				
	其中:纳税检查调整的销售额	6				
	(三)免、抵、退办法出口销售额	7			——	——
	(四)免税销售额	8			——	——
	其中:免税货物销售额	9			——	——
	免税劳务销售额	10			——	——
税款计算	销项税额	11				
	进项税额	12				
	上期留抵税额	13			——	——
	进项税额转出	14				
	免、抵、退应退税额	15			——	——
	按适用税率计算的纳税检查应补缴税额	16				
	应抵扣税额合计	17=12+13-14-15+16			——	——

续表

	实际抵扣税额	18(如17<11,则为17,否则为11)			
	应纳税额	19=11-18			
	期末留抵税额	20=17-18			——
	简易计税办法计算的应纳税额	21			
	按简易计税办法计算的纳税检查应补缴税额	22		——	——
	应纳税额减征额	23			
	应纳税额合计	24=19+21-23			
税款缴纳	期初未缴税额(多缴为负数)	25			
	实收出口开具专用缴款书退税额	26		——	——
	本期已缴税额	27=28+29+30+31			
	①分次预缴税额	28	——	——	——
	②出口开具专用缴款书预缴税额	29	——	——	——
	③本期缴纳上期应纳税额	30			
	④本期缴纳欠缴税额	31			
	期末未缴税额(多缴为负数)	32=24+25+26-27			
	其中:欠缴税额(≥0)	33=25+26-27		——	——
	本期应补(退)税额	34=24-28-29		——	——
	即征即退实际退税额	35	——	——	
	期初未缴查补税额	36		——	——
	本期入库查补税额	37		——	——
	期末未缴查补税额	38=16+22+36-37		——	——
授权声明	如果你已委托代理人申报,请填写下列资料: 为代理一切税务事宜,现授权 　　　(地址)为本纳税人的税务代理申报人,任何与本申报表有关的往来文件,都可寄予此人。		申报人申明	本纳税申报表是根据国家税收法律法规及相关规定填报的,我确定它是真实的、可靠的、完整的。 申明人签字:	

主管税务机关:　　　　　　　　　接收人:　　　　　　　　　接收日期:

②中华人民共和国企业所得税年度纳税申报表(节选)。见表5-2。

表5-2

A100000

中华人民共和国企业所得税年度纳税申报表(A类)

行次	类别	项　目	金　额
1	利润总额计算	一、营业收入(填写A101010\101020\103000)	
2		减:营业成本(填写A102010\102020\103000)	
3		减:税金及附加	
4		减:销售费用(填写A104000)	
5		减:管理费用(填写A104000)	
6		减:财务费用(填写A104000)	
7		减:资产减值损失	
8		加:公允价值变动收益	
9		加:投资收益	
10		二、营业利润(1-2-3-4-5-6-7+8+9)	
11		加:营业外收入(填写A101010\101020\103000)	
12		减:营业外支出(填写A102010\102020\103000)	
13		三、利润总额(10+11-12)	
14	应纳税所得额计算	减:境外所得(填写A108010)	
15		加:纳税调整增加额(填写A105000)	
16		减:纳税调整减少额(填写A105000)	
17		减:免税、减计收入及加计扣除(填写A107010)	
18		加:境外应税所得抵减境内亏损(填写A108000)	
19		四、纳税调整后所得(13-14+15-16-17+18)	
20		减:所得减免(填写A107020)	
21		减:弥补以前年度亏损(填写A106000)	
22		减:抵扣应纳税所得额(填写A107030)	
23		五、应纳税所得额(19-20-21-22)	
24	应纳税额计算	税率(25%)	
25		六、应纳所得税额(23×24)	

续表

行次	类别	项 目	金 额
26		减:减免所得税额(填写 A107040)	
27		减:减免所得税额(填写 A107050)	
28		七、应纳税额(25-26-27)	
29		加:境外所得应纳所得税额(填写 A108000)	
30		减:境外所得抵免所得税额(填写 A108000)	
31		八、实际应纳所得税额(28+29-30)	
32		本年累计实际已缴纳的所得税额	
33		九、本年应补(退)所得税额(31-32)	
		其中:总机构分摊本年应补所得税额(填写 A109000)	
		财政集中分配本年应补(退)所得税额(填写 A109000)	
		总机构主体生产经营部门分摊本年应补(退)所得税额(填写 A109000)	

③资产负债表(节选)。见表5-3。

表5-3

资产负债表

会企01表

编制单位: 年 月 日 　　　　　　　　　　　　　　　　　　　　单位:元

资产	期末余额	上年年末余额	负债和所有者权益(或股东权益)	期末余额	上年年末余额
流动资产:			流动负债:		
货币资金			短期借款		
交易性金融资产			交易性金融负债		
衍生金融资产			衍生金融负债		
应收票据			应付票据		
应收账款			应付账款		
应收账款融资			预收账款		
预付账款			合同负债		
其他应收款			应付职工薪酬		
存货			应交税费		

续表

资产	期末余额	上年年末余额	负债和所有者权益（或股东权益）	期末余额	上年年末余额
合同资产			其他应付款		
持有待售资产			持有待售负债		
一年内到期的非流动资产			一年内到期的非流动负债		
其他流动资产:			其他流动负债		
流动资产合计			流动负债合计		
非流动资产:			非流动负债:		
债权投资			长期借款		
其他债权投资			应付债券		
长期应收款			其中:优先股		
长期股权投资			永续债		
其他权益工具投资			租赁负债		
其他非流动金融资产			长期应付款		
投资性房地产			预计负债		
固定资产			递延收益		
在建工程			递延所得税负债		
生产性生物资产			其他非流动负债		
油气资产			非流动负债合计		
使用权资产			负债合计		
无形资产			所有者权益(或股东权益):		
开发支出			实收资本(或股本)		
商誉			其他权益工具		
长期待摊费用			其中:优先股		
递延所得税资产			永续债		
其他非流动资产			资本公积		
非流动资产合计			减:库存股		
			其他综合收益		

续表

资产	期末余额	上年年末余额	负债和所有者权益（或股东权益）	期末余额	上年年末余额
			专项储备		
			盈余公积		
			未分配利润		
			所有者权益(或股东权益)合计		
资产总计			负债和所有者权益(或股东权益)总计		

④利润表（节选）。见表5-4。

表5-4

利润表

会企02表

编制单位：　　　　　　　　　　年　月　日　　　　　　　　　单位：元

项　　目	本期金额	上期金额
一、营业收入		
减：营业成本		
税金及附加		
销售费用		
管理费用		
研发费用		
财务费用		
其中：利息费用		
利息收入		
加：其他收益		
投资收益(损失以"-"填列)		
其中：对联营企业和合营企业的投资收益		
以摊余成本计量的金融资产终止确认收益(损失以"-"号填列)		
净敞口套期资收益(损失以"-"填列)		
公允价值变动收益(损失以"-"填列)		

续表

项　目	本期金额	上期金额
信用减值损失(损失以"-"填列)		
资产减值损失(损失以"-"填列)		
资产处置收益(损失以"-"号填列)		
二、营业利润(损失以"-"填列)		
加:营业外收入		
减:营业外支出		
三、利润总额(损失以"-"填列)		
减:所得税费用		
四、净利润(净亏损以"-"填列)		
(一)持续经营净利润(净亏损以"-"填列)		
(二)终止经营净利润(净亏损以"-"填列)		
五、其他综合收益税后净额		
(一)以后不能重分类进损益的其他综合收益		
1.重新计量设定受益计划变动额		
2.权益法下不能转损益的其他综合收益		
……		
(二)以后将重分类进损益的其他综合收益		
1.权益法下可转损益的其他综合收益		
2.其他债权投资公允价值变动		
3.金融资产重分类计入其他综合收益的金额		
……		
六、综合收益总额		
七、每股收益		
(一)基本每股收益		
(二)稀释每股收益		

⑤现金流量表。见表5-5。

表5-5

现金流量表

会企业03表

编制单位：   年度   单位：元

项目	本期金额	上期金额
一、经营活动产生的现金流量		
销售商品、提供劳务收到的现金		
收到的税费返还		
收到其他与经营活动有关的现金		
经营活动现金流入小计		
购买商品、接受劳务支付的现金		
支付给职工以及为职工支付的现金		
支付的各项税费		
支付其他与经营活动有关的现金		
经营现金流出小计		
经营活动产生的现金流量净额		
二、投资活动产生的现金流量		
收回投资收到的现金		
取得投资收益收到的现金		
处置固定资产、无形资产和其他长期资产收回的现金净额		
处置子公司及其他营业单位收到的现金净额		
收到其他与投资活动有关的现金		
投资活动现金流入小计		
购建固定资产、无形资产和其他长期资产支付的现金		
投资支付的现金		
取得子公司及其他营业单位支付的现金净额		
支付其他与投资活动有关的现金		
投资活动现金流出小计		
投资活动产生的现金流量净额		
三、筹资活动产生的现金流量		

续表

项目	本期金额	上期金额
吸收投资收到的现金		
取得借款收到的现金		
收到其他与筹资活动有关的现金		
筹资活动现金流入小计		
偿还债务支付的现金		
分配股利、利润或偿付利息支付的现金		
支付其他与筹资活动有关的现金		
筹资活动现金流出小计		
筹资活动产生的现金流量净额		
四、汇率变动对现金及现金等价物的影响		
五、现金及现金等价物净增加额		
加:期初现金及现金等价物余额		
六、期末现金及现金等价物余额		

学习情境6
财务报表分析

6.1 工作任务

①进行财务报表的趋势分析。
②进行财务报表的结构分析。
③进行财务报表的指标分析。
④进行财务报表的综合分析。
⑤提交财务报表分析报告。

6.2 财务报表分析的有关资料

①2016年的资产负债表和利润表。见表6-1和表6-2。

表6-1

资产负债表

会企01表

编制单位:禄丰一平浪恒益煤业有限公司 2016年12月31日   单位:元

资　产	行次	年初数	期末数	负债和所有者权益	行次	年初数	期末数
流动资产:				流动负债:			
货币资金	1	115 770.13	41 425.27	短期借款	68	9 900 000.00	7 000 000.00

续表

资 产	行次	年初数	期末数	负债和所有者权益	行次	年初数	期末数
短期投资	2			应付票据	69		
应收票据	3	3 438 721.98		应付账款	70		
应收股利	4			预收账款	71	3 999 564.27	432 181.23
应收利息	5			应付工资	72	128 000.00	141 300.00
应收账款	6			应付福利费	73		
其他应收款	7	12 257 199.10	1 761 276.04	应付股利	74		
预付账款	8	2 673 529.32	3 649 764.05	应交税金	75	22 820.31	−32 573.24
应收补贴款	9			其他应交款	80		
存货	10	2 537 173.53	−154 919.53	其他应付款	81	10 925 764.49	6 329 819.67
待摊费用	11			预提费用	82		
一年内到期的长期债权投资	21			预计负债	83		
其他流动资产	24			一年内到期的长期负债	86		
流动资产合计	31	21 022 394.06	5 297 545.83	其他流动负债	90		
长期投资：							
长期股权投资	32			流动负债合计	100	24 976 149.07	13 870 727.66
长期债权投资	34			长期负债			
长期投资合计	38			长期借款	101		
固定资产：				应付债券	102		
固定资产原价	39	7 410 695.92	9 687 830.14	长期应付款	103		
减：累计折旧	40	2 983 644.20	4 187 522.56	专项应付款	106		
固定资产净值	41	4 427 051.72	5 500 307.58	其他长期负债	108		
减：固定资产减值准备	42			长期负债合计	110		
固定资产净额	43	4 427 051.72	5 500 307.58	递延税项：			
工程物资	44			递延税款贷项	111		
在建工程	45			负债合计	114	24 976 149.07	13 870 727.66

续表

资产	行次	年初数	期末数	负债和所有者权益	行次	年初数	期末数
固定资产清理	46						
固定资产合计	50	4 427 051.72	5 500 307.58				
无形资产及其他资产:				所有者权益(或股东权益):			
无形资产原价	51	900 000.00	900 000.00	实收资本(或股本)	115	2 000 000.00	2 000 000.00
减:累计摊销	52	137 500.00	167 500.00	减:已归还投资	116		
无形资产净值	53	762 500.00	732 500.00	实收资本(或股本)净额	117	2 000 000.00	2 000 000.00
长期待摊费用	54			资本公积	118		
其他长期资产	60			盈余公积	119		
无形资产及其他资产合计	61	762 500.00	732 500.00	其中:法定公益金	120		
递延税项:				未分配利润	121	−764 203.29	−4 340 374.25
递延税款借项	62			所有者权益(或股东权益)合计	122	1 235 796.71	−2 340 374.25
资产总计	67	26 211 945.78	11 530 353.41	负债和所有者权益(或股东权益)总计	135	26 211 945.78	11 530 353.41

表6-2

利润表

会企02表

编制单位:禄丰一平浪恒益煤业有限公司　　　2016年度　　　单位:元

项　目	行数	上期金额	本期金额
一、主营业务收入	1	30 230 787.28	21 600 974.89
减:主营业务成本	4	30 008 331.99	22 832 640.49
主营业务税金及附加	5	92 868.27	24 507.53
二、主营业务利润(亏损以"−"号填列)	10	129 587.02	−1 256 173.13
加:其他业务利润(亏损以"−"号填列)	11	13 446.40	−74 448.50
减:销售费用	14	604 746.66	557 986.35
管理费用	15	846 335.27	959 097.70

续表

项　目	行数	上期金额	本期金额
财务费用	16	93 568.27	747 465.28
三、营业利润(亏损以"-"号填列)	18	-1 401 616.78	-3 595 170.96
加:投资收益(损失以"-"号填列)	19		
补贴收入	22		
营业外收入	23		20 000.00
减:营业外支出	25		1 000.00
四、利润总额(亏损总额以"-"号填列)	27	-1 401 616.78	-3 576 170.96
减:所得税	28		
五、净利润(净亏损以"-"号填列)	30	-1 401 616.78	-3 576 170.96
补充资料:			
项目:	本年累计数	本年累计数	上年实际数
1.出售、处置部门或被投资单位所得收益			
2.自然灾害发生的损失			
3.会计政策变更增加(或减少)利润总额			
4.会计估计变更增加(或减少)利润总额			
5.债务重组损失			
6.其他			

②2017年的资产负债表和利润表。见表6-3和表6-4。

表6-3

资产负债表

会企01表

编制单位:禄丰一平浪恒益煤业有限公司　　2017年12月31日　　　　　　　　　　　　单位:元

资　产	行次	年初数	期末数	负债和所有者权益	行次	年初数	期末数
流动资产:				流动负债:			
货币资金	1	41 425.27	2 313 822.55	短期借款	68	7 000 000.00	7 000 000.00
短期投资	2			应付票据	69		

续表

资 产	行次	年初数	期末数	负债和所有者权益	行次	年初数	期末数
应收票据	3		500 000.00	应付账款	70		6 517 507.93
应收股利	4			预收账款	71	432 181.23	
应收利息	5			应付工资	72	141 300.00	
应收账款	6		273 197.44	应付福利费	73		
其他应收款	7	1 761 276.04		应付股利	74		
预付账款	8	3 649 764.05		应交税金	75	−32 573.24	7 740.87
应收补贴款	9			其他应交款	80		337.10
存货	10	−154 919.53	6 278 358.82	其他应付款	81	6 329 819.67	5 222 454.97
待摊费用	11			预提费用	82		
一年内到期的长期债权投资	21			预计负债	83		
其他流动资产	24			一年内到期的长期负债	86		
流动资产合计	31	5 297 545.83	9 365 378.81	其他流动负债	90		
长期投资:							
长期股权投资	32			流动负债合计	100	13 870 727.66	18 748 040.87
长期债权投资	34			长期负债:			
长期投资合计	38			长期借款	101		
固定资产:				应付债券	102		
固定资产原价	39	9 687 830.14	9 697 847.23	长期应付款	103		
减:累计折价	40	4 187 522.56	5 677 910.21	专项应付款	106		
固定资产净值	41	5 500 307.58	4 019 937.02	其他长期负债	108		
减:固定资产减值准备	42			长期负债合计	110		
固定资产净额	43	5 500 307.58	4 019 937.02	递延税项:			
工程物资	44			递延税款贷项	111		
在建工程	45			负债合计	114	13 870 727.66	18 748 040.87
固定资产清理	46						

续表

资　产	行次	年初数	期末数	负债和所有者权益	行次	年初数	期末数
固定资产合计	50	5 500 307.58	4 019 937.02				
无形资产及其他资产：				所有者权益（或股东权益）：			
无形资产原值	51	900 000.00	900 000.00	实收资本（或股本）	115	2 000 000.00	2 000 000.00
减：累计摊销	52	167 500.00	197 500.00	减：已归还投资	116		
无形资产净值	53	732 500.00	702 500.00	实收资本（或股本）净额	117	2 000 000.00	2 000 000.00
长期待摊费用	60			资本公积	118		
其他长期资产				盈余公积	119		
无形资产及其他资产合计		732 500.00	702 500.00	其中：法定公益金	120		
递延税项：				未分配利润	121	−4 340 374.25	−6 660 225.04
递延税款借项	61			所有者权益（或股东权益）合计	122	−2 340 374.25	−4 660 225.04
资产总计	67	11 530 353.41	14 087 815.83	负债和所有者权益（或股东权益）总计	135	11 530 353.41	14 087 815.83

表6-4

利润表

会企02表

编制单位:禄丰—平浪恒益煤业有限公司　　　　2017年度　　　　单位:元

项目	行数	上期金额	本期金额
一、主营业务收入	1	21 600 974.89	32 673 214.11
减：主营业务成本	4	22 832 640.49	31 789 183.34
税金及附加	5	24 507.53	27 142.37
二、主营业务利润（亏损以"−"号填列）	10	−1 256 173.13	856 888.40
加：其他业务利润（亏损以"−"号填列）	11	−74 448.50	49 475.85
减：销售费用	14	557 986.35	155 000.00
管理费用	15	959 097.70	1 291 503.39
财务费用	16	747 465.28	1 300 715.97
三、营业利润（亏损以"−"号填列）	18	−3 595 170.96	−1 840 855.11

续表

项目	行数	上期金额	本期金额
加:投资收益(损失以"-"号填列)	19		
补贴收入	22		
营业外收入	23	20 000.00	
减:营业外支出	25	1 000.00	478 995.68
四、利润总额(亏损总额以"-"号填列)	27	-3 576 170.96	-2 319 850.79
减:所得税	28		
五、净利润(净亏损以"-"号填列)	30	-3 576 170.96	-2 319 850.79
补充资料:			
项目:	本年累计数	本年累计数	上年实际数
1.出售、处置部门或被投资单位所得收益			
2.自然灾害发生的损失			
3.会计政策变更增加(或减少)利润总额			
4.会计估计变更增加(或减少)利润总额			
5.债务重组损失			
6.其他			

　　③2018年的资产负债表和利润表。见表6-5和表6-6。

表6-5

资产负债表

会企01表

编制单位:禄丰一平浪恒益煤业有限公司　　2018年12月31日

单位:元

资产	行次	年初数	期末数	负债和所有者权益	行次	年初数	期末数
流动资产:				流动负债:			
货币资金	1	2 313 822.55	1 560 421.74	短期借款	68	7 000 000.00	6 000 000.00
短期投资	2			应付票据	69		
应收票据	3	500 000.00		应付账款	70	6 517 507.93	8 464 762.46
应收股利	4			预收账款	71		2 972 593.36

续表

资产	行次	年初数	期末数	负债和所有者权益	行次	年初数	期末数
应收利息	5			应付工资	72		
应收账款	6	273 197.44		应付福利费	73		
其他应收款	7		279 261.43	应付股利	74		
预付账款	8			应交税金	75	7 740.87	21 915.93
应收补贴款	9			其他应交款	80	337.10	1 049.63
存货	10	6 278 358.82	12 034 807.88	其他应付款	81	5 222 454.97	2 879 120.88
待摊费用	11			预提费用	82		
一年内到期的长期债权投资	21			预计负债	83		
其他流动资产	24			一年内到期的长期负债	86		
流动资产合计	31	9 365 378.81	13 874 491.05	其他流动负债	90		
长期投资：							
长期股权投资	32			流动负债合计	100	18 748 040.87	20 339 442.26
长期债权投资	34			长期负债：			
长期投资合计	38			长期借款	101		
固定资产：				应付债券	102		
固定资产原价	39	9 697 847.23	9 697 847.23	长期应付款	103		
减：累计折价	40	5 677 910.21	7 097 260.48	专项应付款	106		
固定资产净值	41	4 019 937.02	2 600 586.75	其他长期负债	108		
减：固定资产减值准备	42			长期负债合计	110		
固定资产净额	43	4 019 937.02	2 600 586.75	递延税项：			
工程物资	44			递延税款贷项	111		
在建工程	45			负债合计	114	18 748 040.87	20 339 442.26
固定资产清理	46						
固定资产合计	50	4 019 937.02	2 600 586.75				

续表

资产	行次	年初数	期末数	负债和所有者权益	行次	年初数	期末数
无形资产及其他资产:				所有者权益(或股东权益):			
无形资产原值	51	900 000.00	900 000.00	实收资本(或股本)	115	2 000 000.00	2 000 000.00
减:累计摊销	52	197 500.00	227 500.00	减:已归还投资	116		
无形资产净值	53	702 500.00	672 500.00	实收资本(或股本)净额	117	2 000 000.00	2 000 000.00
长期待摊费用	60			资本公积	118		
其他长期资产				盈余公积	119		
无形资产及其他资产合计		702 500.00	672 500.00	其中:法定公益金	120		
递延税项:				未分配利润	121	−6 660 225.04	−5 191 864.46
递延税款借项	61			所有者权益(或股东权益)合计	122	−4 660 225.04	−3 191 864.46
资产总计	67	14 087 815.83	17 147 577.80	负债和所有者权益(或股东权益)总计	135	14 087 815.83	17 147 577.80

表6-6

利润表

会企02表

编制单位:禄丰一平浪恒益煤业有限公司　　2018年度　　单位:元

项目	行数	上期金额	本期金额
一、主营业务收入	1	32 673 214.11	16 720 418.89
减:主营业务成本	4	31 789 183.34	13 197 787.12
税金及附加	5	27 142.37	5 171.18
二、主营业务利润(亏损以"−"号填列)	10	856 888.40	3 517 460.59
加:其他业务利润(亏损以"−"号填列)	11	49 475.85	197 148.35
减:销售费用	14	155 000.00	1 106 010.42
管理费用	15	1 291 503.39	410 566.24
财务费用	16	1 300 715.97	729 671.70
三、营业利润(亏损以"−"号填列)	18	−1 840 855.11	1 468 360.58

续表

项目	行数	上期金额	本期金额
加:投资收益(损失以"-"号填列)	19		
补贴收入	22		
营业外收入	23		
减:营业外支出	25	478 995.68	
四、利润总额(亏损总额以"-"号填列)	27	-2 319 850.79	1 468 360.58
减:所得税	28		
五、净利润(净亏损以"-"号填列)	30	-2 319 850.79	1 468 360.58
补充资料:			
项目:	本年累计数	本年累计数	上年实际数
1.出售、处置部门或被投资单位所得收益			
2.自然灾害发生的损失			
3.会计政策变更增加(或减少)利润总额			
4.会计估计变更增加(或减少)利润总额			
5.债务重组损失			
6.其他			

6.3 财务报表分析

财务报表分析说明:

第一,指标计算中,如果分子分母的数据都来自资产负债表,数据使用年末数。

第二,指标计算中,如果分子分母的数据一个来自资产负债表,另一个来自利润表,涉及资产负债表的数据使用当年平均数[(年初+年末)/2],涉及利润表的数据使用当年发生额。

第三,各年财务费用均为利息费用。

第四,计算结果保留4位小数。

第五,在进行分析时,通过网络查找相关招标的行业平均水平和行业先进水平,并与企业的情况进行比较。

①短期偿债能力指标计算分析表。见表6-7。

表6-7

短期偿债能力指标计算分析表

年 度	流动资产	流动负债	流动比率
2018年	13 874 491.05	20 339 442.26	0.682 1
2019年			
年 度	速动资产	流动负债	速动比率
2018年	1 839 683.17	20 339 442.26	0.090 4
2019年			
年 度	现金资产	流动负债	现金比率
2018年	1 560 421.74	20 339 442.26	0.076 7
2019年			

②速动资产计算表(现金资产计算表)。见表6-8。

表6-8

速动资产计算表

资 产	2018年	2019年
货币资金	1 560 421.74	
短期投资		
应收票据		
应收股利		
应收利息		
应收账款		
其他应收款	279 261.43	
速动资产合计	1 839 683.17	

现金资产计算表

资 产	2018年	2019年
货币资金	1 560 421.74	
短期投资		
现金资产合计	1 560 421.74	

③长期偿债能力指标分析。见表6-9。

表6-9

长期偿债能力指标分析

年度	总负债	总资产	资产负债率
2018年	20 339 442.26	17 147 577.80	1.186 1
2019年			
年度	总负债	所有者权益	产权比率
2018年	20 339 442.26	−3 191 864.46	−6.372 3
2019年			
年度	总资产	所有者权益	权益乘数
2018年	17 147 577.80	−3 191 864.46	−5.372 3
2019年			
年度	息税前利润	利息费用	利息保障倍数
2018年	2 198 032.28	729 671.70	3.012 4
2019年			

④息税前利润计算表。见表6-10。

表6-10

息税前利润计算表

项目	2018年	2019年
净利润	1 468 360.58	
利息费用	729 671.70	
所得税费用	0	
息税前利润合计	2 198 032.28	

⑤应收账款指标计算分析表。见表6-11。

表6-11

应收账款指标计算分析表

年度	销售收入	应收账款（平均数）	应收账款周转率
2018年	16 720 418.89	136 598.72	122.405 4
2019年			

续表

年度	销售收入	应收账款（平均数）	应收账款周转率
年度	天数	应收账款周转率	应收账款周转期
2018年	365	122.405 4	2.981 9
2019年			
年度	应收账款（平均数）	销售收入	应收账款收入比
2018年	136 598.72	16 720 418.89	0.008 2
2019年			

⑥存货指标计算分析表。见表6-12。

表6-12

存货指标计算分析表

年度	销售收入	存货（平均数）	存货周转率（收入）
2018年	16 720 418.89	9 156 583.35	1.826 1
2019年			
年度	天数	存货周转率（收入）	存货周转期
2018年	365	1.826 1	199.879 5
2019年			
年度	销售成本	存货（平均数）	存货周转率（成本）
2018年	13 197 787.12	9 156 583.35	1.441 3
2019年			
年度	天数	存货周转率（成本）	存货收入比（成本）
2018年	365	1.441 3	253.243 6
2019年			
年度	存货（平均数）	销售收入	存货收入比（收入）
2018年	9 156 583.35	16 720 418.89	0.547 6
2019年			

⑦流动资产指标计算分析表。见表6-13。

表6-13

流动资产指标计算分析表

年度	销售收入	流动资产(平均数)	流动资产周转率
2018年	16 720 418.89	11 619 934.93	1.438 9
2019年			
年度	天数	流动资产周转率	流动资产周转期
2018年	365	1.438 9	253.666 0
2019年			
年度	流动资产(平均数)	销售收入	流动资产收入比
2018年	11 619 934.93	16 720 418.89	0.695 0
2019年			

⑧总资产指标计算分析表。见表6-14。

表6-14

总资产指标计算分析表

年度	销售收入	总资产(平均数)	总资产周转率
2018年	16 720 418.89	15 617 696.82	1.070 6
2019年			
年度	天数	总资产周转率	总资产周转期
2018年	365	1.070 6	340.930 3
2019年			
年度	总资产(平均数)	销售收入	总资产收入比
2018年	15 617 696.82	16 720 418.89	0.934 0
2019年			

⑨盈利能力指标计算分析表。表6-15。

表6-15

盈利能力指标计算分析表

年度	净利润	销售收入	销售净利率
2018年	1 468 360.58	16 720 418.89	0.087 8
2019年			

续表

年度	净利润	总资产（平均数）	资产净利率
2018年	1 468 360.58	15 617 696.82	0.094 0
2019年			

年度	净利润	所有者权益（平均数）	权益净利率
2018年	1 468 360.58	−3 926 044.75	−0.374 0
2019年			

⑩主要财务指标变动计算表。见表6-16。

表6-16

主要财务指标变动计算表

主要分析指标	2019年	2018年	变动情况
流动资产			
总资产			
总负债			
所有者权益			
资产负债率			
利息保障倍数			
应收账款周转率			
存货周转率			
总资产周转率			
销售净利率			
资产净利率			
权益净利率			

⑪趋势分析表。见表6-17。

表6-17

趋势分析表

项目	2015年	2016年	2017年	2018年	2019年
营业务收入					
营业务成本					

续表

项目	2015年	2016年	2017年	2018年	2019年
营业利润					
总利润					
净利率					
毛利率					
净利率					
总资产					
总负债					
总资产报酬率					
资产负债率					
权益报酬率					

注:在进行趋势分析时,需要查阅相关背景资料,了解宏观经济的发展变化情况,了解行业特点,关注国家产业政策的变化。

⑫根据以上分析,编制云南禄丰一平浪恒益煤业有限公司财务分析报告。